法則

マクロに発想する

船井幸雄［著］
サンマーク出版編集部［編］

サンマーク出版

まえがきにかえて

サンマーク出版代表取締役社長　植木宣隆

本書は、かつて「経営指導の神様」といわれた経営コンサルタント・船井幸雄先生が半世紀を超える生涯のなかで編み出された「船井流」と称される生き方・考え方を網羅し、そのエッセンスをまとめたものです。

私どもが初めて船井幸雄先生の本を出版させていただいたのは、一九九二年のこと（『これから10年　生き方の発見』）。以来、二〇一四年一月に先生が鬼籍に入られるまで、十冊の単行本と一冊のムックを刊行させていただき、長くおつきあいをさせていただきました。

私どもが出版のご依頼を差し上げた当時から、船井先生はすでにベストセラーを何冊も出されている〝カリスマ〟でした。

実際にお目にかかった先生は、いつも満面に屈託のない笑みを浮かべ、立ち居振る舞いも力みのない自然体そのもので、いつも包み込まれるようなあたたかさを感じたのを思い出します。

それからというもの、船井先生からはじつに多くのことを学ばせていただきました。なかでも深く心に刻まれたのは、いかなることも「マクロにとらえる」こと、そして、物事の「根本を掴《つか》む」こと。

私どもは会社の理念として「天地自然の理《ことわり》に学ぶ」というものを掲げていますが、それは多分に船井先生から授けていただいた教えが根っこになっているのです。

「本音で生きよう」というのも、船井先生から教わった大切なメッセージです。その言葉の通り、船井先生はいつも常識や建前、形式にとらわれず、ご自身が感じたままに行動し、人生を歩んでおられるように感じました。

他人の意見も柔軟に取り入れて、融通無碍《むげ》に判断される姿勢は、ご自身が唱えておられた「包み込み」の生き方そのものでした。

また、船井先生は偉大なる「実践の人」でもありました。本の取材や打ち合わせの席で、人の紹介をお願いすると、その場ですぐ電話をして取り次いでくださいました。

また原稿の執筆や校正刷りの校正なども、ご多忙にもかかわらず必ず締切に間に合わせてくださいました。それらはいずれも、他者への思いやりと心配りからくる行動であったように思います。

船井先生の教えは、深い真理に根づいていながらも実践的で、すぐに仕事や生活の上で役立てることができるものばかりでした。

それは仕事の上ばかりでなく、人間として生きていく上で大切な

「ものの見方」であり、また人生万般に通じる「普遍の真理」というべき知恵であったように思います。

あらゆる意味において、舩井先生は仕事の師であるとともに、人生の師でもありました。お目にかかることはもはやかないませんが、その存在は以前にもまして大きく、また身近に感じています。

読者のみなさま方にとって、本書が豊かで幸せな人生を送る一助となれば、これにまさる幸せはございません。

二〇一六年九月吉日

※なお、舩井幸雄先生は晩年、戸籍上の正しい姓ということで、「船」から「舩」に表記を変えられました。本書では舩井先生ご自身を示す場合には「舩井」の表記で、それ以外（会社名等）は元の「船井」の表記にさせていただきました。（編集部）

法則

目次

ブックデザイン　櫻井 浩（⑥Design）
本文DTP　山中 央
企画協力　佐野浩一
構成　大隅光彦
編集協力　鷗来堂
編集　斎藤竜哉（サンマーク出版）

プロローグ

上手に生きるためには、
「正しいルール」を知り、
「単純万能のコツ」を知ること。

私は経営コンサルタントとして、これまで無数の経営者の方々の相談にのってきました。経営者というのはじつに栄枯盛衰が激しい職業です。そのような人たちとのつきあいのなかで、私はさまざまな人間ドラマを見せられましたし、人間としてどんな生き方をすればよいのか、ということを否応《いやおう》なく考えさせられました。

経営をする人は、世間一般にいっても頭のよい人たちが多いでしょう。そういう人たちが、何か月も何年も真剣に考え続け、それでも結論が出ないこと、迷いがあること、やってみたがうまくいかなかったことなどについての相談が、私のもとに寄せられます。

むろん、業種も違えば、それぞれの立場も違います。専門的な知識は、私が知らないことのほうがはるかに多い。しかし、私はそれらの相談に**九十九パーセント以上の確率で的確な答えを出してきたようです。**

なぜそんなことができるかというと、もっとも基本的な「経営のルール」を知り、それを効率的に実践するための「コツ」を知っているからです。それらはきわめてシンプルなものです。

世の中のしくみや原理は、きわめて単純なものでできあがっており、単純なものほど万能で上等である。そして、複雑に見えるものも、単純なものの積み重ねにすぎない。

そのことを知っておくだけで、物事の分析力や判断力が格段に高まり、人生も楽しく、生きやすくなるはずです。

これは経営にかぎらず、人の生き方についても同じです。正しい生き方のルールを知り、コツを知り、実践すれば、だれでもかんたんに上手な生き方ができるようになるのです。

天地自然の理《ことわり》にしたがえば、
「ツキ」がめぐってくる。
ツキを呼び込むことは、
すなわち天地自然の理にしたがうこと。

たとえば、「命あるものはやがて死ぬ」。これはあらゆる生命に課せられた、免れることのできないルールです。自然の定めた絶対不動の法則といってもいい。

こうしたルールは無数にあり、私たちはそれにしたがって生きていますが、そこには、そのルールを現実化するためのコツもあります。

たとえば、「人間の思いは実現する」というルールがあるとするなら、そのルールにしたがって、「思いを実現させたい」という目的が発生する。そのとき、この目的をできるだけ効率的かつすみやかに実現させるための方法や要諦が存在する。それがすなわち、「コツ」なのです。

このコツには段階やレベルがあって、正しいコツもあれば、まちがったコツもある。すぐれたコツもあれば、「まあまあ」のコツもあります。もちろん、人生をよりよく生きようとするなら、「正しいよりよいコツ」を知っておくべきです。

それなら、何が「正しいよりよいコツ」なのか。一言でいうなら

「天地自然の理」に則したコツです。

その理にしたがって素直に、謙虚に生きていけば、正しいルールに則《のっと》り、正しいコツを使って、正しいことを正しく為《な》せる。その結果、あなたの人生に充実と幸福がもたらされることになるのです。

では、その天地自然の理に則した「正しいよりよいコツ」とは、いったいどういうものか。その条件をかんたんに記すと、

①単純、②明快で、③だれもが納得でき、④だれもがかんたんに実践できる。しかも、⑤万能で、⑥卓効《たっこう》があり、⑦実践者の人相がよくなり、⑧明るくなり、⑨実践者に「ツキ」が回ってくる。

たとえば「ほめる」というのも、シンプルではありますが「正し

いよりよいコツ」の一つです。

ほめることはかんたんで、だれにも可能です。やろうと思えばいつでもできる。そのわりに効果は絶大で、ほめられて悪い気になる人はいないし、ほめた相手に好感さえ抱く。単純だけれども、万能の効果をもっているのです。

世の中が複雑化するとともに、人生に生きづらさを感じる人や生きるのが下手だと考える人が増えています。そういう人は、この上手に生きるための「正しくよりよいコツ」、きわめて根源的なコツをよく理解して、それを着実に実践していくことが大切です。

そうすれば、天地自然の理に沿って、自分の人生もまちがいなく成長発展させていけるはずです。

ツキを呼び込むには、

1．現状で「ツク」状態にする。

2．次に「ツク」ものをつくる。

3．「ツキ管理」をしてツキを落とさない。

天地自然の理とは、宇宙をつかさどる原理のことでもありますが、それによれば、**この宇宙は日々、生成発展しています**。つまり、私たち人間が住むこの地球、多くの人が生を営んでいるこの世の中も時とともによくなるようにできているのです。

したがって、五十年前よりいまのほうがはるかによくなっているし、いまより五十年先のほうがもっとよくなる。これが私のたどりついた、とりあえずの結論です。

ただ、その進歩の速度は――社会の進歩にしても、人間の進歩にしても――漸進的なもので、たいていはゆっくり、徐々に進んでいくのがふつうです。しかし私の考えでは、これをぐんとスピードアップさせる方法がある。

それはいいかえれば、私たちの運やツキを即座に向上させ、人生に豊かな実りをもたらす方法ということです。それはそれほどむずかしいものではないのです。

経営コンサルタントの仕事を、ツキという観点からとらえ直してみると、それは依頼主を、**①まず現状で「ツク」状態にし、②ついで「ツク」ものをつくり、③その「ツキ」を落とさないよう「ツキ管理」をする**、という三段階のプロセスでマネジメントすることにほかなりません。

たとえば、小売店や商店街の売り上げが落ちてきたときに、改善策としてするリニューアルは、九割が失敗します。なぜなら「ツイていない」ときに変わったことをすると、必ず失敗してしまうからです。

その場合、リニューアルを実行する前にするべきことは、**まず「ツク」状態にすること**。つまり、その小売店なり商店街などの売り上げを伸ばしてあげることが先決なのです。

ツイているときに決断したこと、行うことはおのずとうまくいく
——それが「法則」だからです。
これは、企業の伸展だけでなく個人の人生についても共通していえることです。
つまり、まずは人生を「ツク」状態にしてあげてから、そこにじっさいにツキのあるものを呼び込み、そのツキを維持できるよう努める。そのようにすれば、物事は好転していくのです。

長所伸展法……よいところ、得意なこと、上手にできることを伸ばしていく方法。

長所を伸ばしていけば、短所は自然に消えていく。

私たちの運やツキを即座に向上させ、人生に豊かな実りをもたらす方法はいくつかあり、それらはそれほどむずかしいものではありません。

たとえば、そのうちの一つが、「**長所伸展法**」です。ツキを呼び込むためには、伸びているもの、すぐれたもの、得意なもの、自信のあるもの……このような他とくらべて優越した点をさらに伸長させていく方法が有効で、このやり方を、私は「長所伸展法」と呼んでいます。

その際、**自分が不得手なこと、うまくできないことは触らないようにします**。そのようにすると、不思議と短所や欠点もいつのまにか消えていくものです。

私は少年のころから文章を書くのが好きで、作文や詩、和歌、短歌などはよくほめられもし、賞をいただいたこともあります。そのうちに出版の依頼をいただき、本を書くことになりました。

著書が増えてくると、今度は講演の依頼が舞い込むようになった。ところが、話すことは元来得意ではありませんでした。最初のうちは理由をつけて逃げ回っていたのですが、どうにも断わりきれずに講演の機会も多くなってきました。

すると、話すことは書くこととさほど違わないことに気がついた。書くことは得意ですから、そのうちに話すことも苦ではなくなり、おもしろくなってきたのです。

年間三百回の講演をこなすようになりましたが、決められた時間にあわせて聴衆を満足させるような話ができるようになりました。

長所であった「書くこと」を伸ばしていくうちに、不得手だった「話すこと」もそれにともなって短所ではなくなっていったわけです。

「長所伸展法」の反対が、その人の短所や不得手なこと、下手なことや苦手なことに重点的に取り組み、これを克服しようとする「短所是正法」です。

人材育成法においても、その人のもっている長所を伸ばしたほうがいいのか、それとも短所を直したほうがいいのか——大きく意見が分かれるところですが、私はずばり、短所是正法よりも長所伸展法のアプローチに軍配を上げます。

なぜなら先ほども述べたように、長所と短所は裏返しの関係にあって、**長所を伸ばせば短所はおのずと小さくなっていくことが多いからです**。短所を克服しても、それはマイナスをゼロにしただけで、その短所と裏腹の関係にあった長所まで減じてしまう可能性があります。

さらに、短所を直すのは、長所を伸ばすよりも大きな困難がともなうものです。それは、自分の嫌いな面、劣った部分と向き合うことにほかなりませんから、そもそも意欲が高まらないし、そのために、克服のプロセスにも時間がかかります。

その結果、失敗する可能性が増大し、失敗すれば、本人に挫折感も残る。人材育成や人間教育としては、かなりリスクのともなう方法なのです。

しかし、これが「よいところをもっとよくする」長所伸展法ですと、本人が得意な部分、自信をもっている部分にさらに磨きをかけることですから、おのずと熱心になり、短時間で成果も上がりやすくなる。

そもそも、短所を是正することに莫大なエネルギーをかけて、人並みの仕事ができるようになったとしても、たかが知れています。それよりは、その人がいまもっている長所を伸ばし、それをさらに活かすことにより、よい成果を上げる。そのほうがはるかに効率的で、また安全な方法であることは明らかです。

◎

「長所伸展法」がうまくいくのは、それが「ツキの法則」にかなっているからです。

あとでくわしく述べますが、ツキをもたらすもっとも初歩的な方法とは、**「ツイているものとつきあう」**ことです。

長所伸展法とは、自分のなかの「ツイているもの」――うまくできること、自信があること、好きなこと――を見つけて、それとつきあっていくということなのです。

また、長所を伸ばすことは、「天地自然の理」にかなう行為であります。

宇宙は絶えず生成発展し、時とともによくなるようにできているのが天地自然の理ですから、当然、その自然の一部である人間もまた、未来に向かっておのずと成長していくのが本然のあり方です。

したがって、長所であるよい部分はさらに伸びていき、その人の成長や可能性の伸展に加速を与えます。

伸びたプラス部分が短所のマイナス部分を補って、多少の凸凹はあっても、規格の枠を超える大きな可能性を秘めた人間に育つ。そういう利点も長所伸展法にはあります。

人はだれでも、それぞれ固有の長所をもっています。**そのよい部分を見つけて、認め、とことん伸ばしていく。**それがもっとも天地自然の理にかなう成長法則なのです。

したがって、自分の長所をとことん伸ばしてみることに注力して、その段階では、短所には目をつぶっていい。短所など気にせず、ひたすら長所とつきあってみる。これが能力を伸長させ、ツキを呼び込むコツです。

長所は伸ばすためにあり、短所は触らないためにあるのです。

包み込みの法則……商圏にある店それぞれにある商品をすべてそろえ、扱っていない商品までそろえると、圧倒的に勝つことができる。

すべてを肯定し、包み込めるようになることが、人としての努力目標。

「**包み込みの法則**」は、船井流の経営手法の基本中の基本であり、また、ツキを呼び込むためのもっともオーソドックスな方法といってもいいものでしょう。

たとえば、次のような一つの商圏を想定してみましょう。その商圏にはA、B、Cという三つの店があり、それぞれ独自の品ぞろえをしているが、もてる力はほぼ同じくらいと仮定します。

このとき同商圏に、その三店にくらべて、圧倒的な力を有するDという一番店が出現して、この包み込み理論を実践してみたら、どうなるでしょうか。

ここでDが実践する包み込みとは、**A、B、Cそれぞれにあるすべての商品をそろえ、そのうえさらに、この三店が扱っていない商品まであわせて扱うことです。**

結果はあきらかです。Dの圧倒的な勝利のうちに、この競争には終止符が打たれるでしょう。競争が激化するにしたがって、お客さまはより顧客志向の強い店に集中し始めるからです。つまり、A、B、Cを「包み込んで」しまうことで圧倒的な強さをもつのです。

では、A、B、C店にはまったく勝ち目はないのでしょうか。そうではありません。くわしくは第3章で説明しますが、たとえばAがDに勝とうと思えば、他のB、C、Dにはない商品で、**圧倒的に売れる「一番商品」をもつことです。**

つまり、部分的に「包み込んで」しまう戦法で、これは「弱者の包み込み戦略」といってもよいでしょう。

この「包み込み」の思想は、そっくりそのまま人間関係や、「心」の法則に適用することができます。

どんな場面であっても、自分と異なる意見をもっている人、自分の意に沿わない人はいるものです。そういう人をたんに否定するのではなく、よいところも悪いところも、まるごと包み込もうと努力していくことです。

他人を見て嫌いだと感じるところは、じつは自分ももっている部分です。つまり、自分を受け入れられないがゆえに、自分と似たものをもっている人を見ると無性に腹が立ったりするのです。

つまるところ、この世に存在するものにはすべて意味があるので、どんなものでも肯定できるようになることが、人としての目標だと思っています。

私は、会社のトップはワンマンでないと務まらないと考えていますが、同時に、**対象を「包み込める」大きな器量をもった人でなければいけないとも思います。**「包み込む」というのは、対象をすべてまとめて肯定するということです。この何事も肯定して受け入れるという器の大きさが、天地自然の理に合っているのです。

二大処世原則

「鏡の原則」……相手に向けた気持ちや行為が、そっくりそのまま相手から自分に返ってくる。

「愛情の原則」……人でもお金でも情報でも、愛情をもって大切にしてくれる人のもとに集まってくる。

天地自然の理に沿って、すみやかに成長発展し、幸運やツキを呼ぶ——そのために知っておきたい二つの原則があります。「**鏡の原則**」と「**愛情の原則**」です。

まず「鏡の原則」についてですが、その骨子はじつにかんたんなもので、「他人の自分への態度は、自分のその人への態度の正直な反映である」ということです。

たとえば、ある人から「あの人は自分のことを嫌っているんじゃないか」という印象を受けたとします。そういうときは反対に、自分自身がその人のことをどう思っているかを考えてみてください。必ずこちらも、「あの人は苦手だ」「どうも好きになれない」などという好ましくない印象を抱いているはずです。

つまり、相手に対するこちらの気持ちや感情、行為などが、あたかも鏡に映るように、相手からも同じ気持ちや感情、行為として返ってくる。これが鏡の原則です。

電話で話していて、つい感情的になって大声を出す。すると、とたんに相手からも大声が返ってくる。こちらが相手をほめれば、相手もほめ返してくる。皮肉をいわれれば、皮肉で応えたくなる。

こんな鏡みたいな心理を、人間はだれしももっているものです。鏡に映ったように、相手の態度はそのまま自分の心、自分の心はそのまま相手の態度なのです。

したがって、**人に好かれるための一番のコツは何かといえば、「人を好きになる」ことなのです。**

自分のほうから相手に好意を抱けば、相手からも好意が返ってくる。好意が互いに反射しあい応酬しあって、よい人間関係をスムーズに築いていけるのです。

人から何かしてほしかったら、まず自分のほうから相手に同じことをしてやることが大切ですし、人からされたくないことは人にしてはいけません。

この鏡の原則には応用編があって、それが「愛情の原則」です。人でも、お金でも、ものでも、情報でも、すべてのものはそれらに強い愛情をもち、大事にしてくれる人のところに集まってくるという、これも単純明快な原理です。

金銭にまつわる箴言《しんげん》、格言のなかに、「**お金は寂しがり屋である**」というのがあります。寂しがり屋だから、お金は同じ仲間を求めて集まってくる。かくて、お金持ちはさらにお金持ちになる、というわけです。

一方、お金に愛情がない、したがってお金を大事に扱わないお金持ちにお金が集まってくることはありません。むしろ、逃げていく。だから、お金は「愛情に飢えている寂しがり屋」だというべきで、このことは人でもものでも同じです。

人に愛情を抱き、人を大事にすれば、鏡の原則も作用して、おのずと人が周囲に集まってくる。**人を助ければ、人から助けられるのです。**

だから、まずこちらから率先して人に好意を抱き、愛情を注ぐことが、成功と幸運を得るための第一歩となる。また、思いを実現させて人生に豊かな実りをもたらす重要なキーともなるのです。

思いは実現する。

人生についてたった一つだけ定理をあげよといわれたら、私は迷わずこのことをあげます。天地自然の理に則った「正しいルール」の一つです。

よいことを思えば、よい出来事が起こってくる。よくないことを思えば、よくない結果が現れる。**自分の目の前にやってくる現実は、すべて自分の思いがつくり出したものなのです。**だからこそ、どんなときでもよいことを思う「プラス発想」が大切なのです。

私が船井総研の社長を後任にゆずってからしばらく、新社長からよく「会社のことが心配で、夜もろくに眠れないんです」と相談を受けたものです。優秀で、人間性もすばらしい人物でしたから、私はなんの心配もしていませんでしたが、その責任の重圧が彼を苦しめていたようです。

そこで私はいいました。「かんたんだよ。いっさい、何も心配しなければいい。それですべてうまくいく。そう思って安心してやってごらん」

ずいぶんいい加減に聞こえるかもしれませんが、じつはこれこそが人生をうまくやっていくコツなのです。すなわち、「**都合の悪いことは考えない**」こと。

自分に都合のいいことだけを受け入れて、自分に都合の悪いことは見ないか、適当に受け流す。生き方上手な人というのは必ず、そんな賢い知恵をもっているものです。

上手に生きて、実りの多い人生を手に入れるか、それとも苦しみながら生きて、けっきょくつまらない一生にしてしまうか。

その分岐点は、その人が自分の人生や自分の身に起こることをどのように受け取り、どのようにとらえるか。その考え方一つにかかっているのです。

では、思いを実現させるためのコツとはどんなものでしょうか。

それは、**①実現したいことをできるだけ具体的にイメージ化し、②そのイメージ化したことが実現すると確信し、③必ず実現すると思い続け、④それが実現した場合を想定して感謝する**――。

その思いが強ければ強いほど、かんたんに実現します。

世の中で起きることはすべて、
必然、必要であり、
ベストのことしか起こらないようになっている。

みなさんの心に、よく銘じておいていただきたい一つの法則があります。それは、「**世の中に起きることはすべて、必然、必要**」という事実です。

すべてのことは起こるべくして起こっています。森羅万象、あらゆることが必然、必要だから生起し、必然、必要だから消滅していきます。それが人間の目にどう映ろうと、心にどう感じられようと、この世にムダなもの、不要なものなど一つもありません。

これはあらがいがたい世界の仕組みであり、宇宙の定理です。だから、人が死ぬのも必然です。

以前、私は人生の師であり、親友であり、商売の得意先でもあった、一人のかけがえのない人物を亡くしました。彼は私のアドバイスにしたがって事業をひろげましたが、それがなかなか軌道に乗らないでいた矢先、心臓まひで急死したのです。

私は、彼の死が自分の責任に思えてしかたありませんでした。自責と後悔の念のなかで、私は昼も夜も彼と対話し続けました。すると、夢うつつのうちに、こんな声を聞いたのです。

「もう悩むのはやめなさい。この世で起ることは、すべて必然、必要なんですよ」

その声を耳にしたとき、つらいことも悲しいことも、不条理なことも理不尽なことも、みんな起こるべくして起こっているのだ――という思いが、忽然《こつぜん》と湧きあがってきました。

その後、彼の事業は彼の遺志を継ぐように順調に発展していきました。それを見るにつけ、その考えは私のなかでさらにたしかなものとなり、生きる哲学の基本ともなっていったのです。

人間の目には偶然と見えることも、神のレベルでは必然なのかもしれません。天を恨みたくなるような困難も試練も、みんな私たちが行くべき場所へ行くために経験しなければならない必然の事柄であるといえましょう。

したがって、いま、あなたに起こっていることは、あなたにとって必然、必要であるから起こっている。みなさんには、この不動の原理を肝に銘じていただきたい。

すべては必然、必要。そう考えることは、プラス発想の人間になるための必須の条件でもあるからです。

マクロの視点から見て、発想しよう。

私は、天地自然の理が「万物はかくあれ」と示した「正しい方向性」があると考えています。

それは、**①単純化、②公開化、③万能統一化、④長所伸展化、⑤共生互助化、⑥自由化、⑦公平化**——の七つです。

すべてのものはこれらの要素をめざして発展していくよう方向づけられたものと思われます。

もっとも、いまの社会、あるいは地球の現状は必ずしも、この自然の理にかなうような状態にあるとはいえません。というより、これらとまったく逆の方向に動いているように思えます。

それを考えると、私たちは悲観的、絶望的な気持ちになりがちです。しかし、私は自分でもふしぎなくらい楽観的であり、地球の未来に大きな希望を抱いているのです。

なぜなのか。それは、「世の中で起きることはすべて必然、必要だ。人間はそれらを肯定し、そこから勉強し、しかもプラス発想するために生まれてきた」。

そんな真理を、天地自然の理から学んだみずからの思想や哲学として自分のなかに確立して、迷いがないからです。こういうと、あまりに楽天的で、能天気ですらあると思う人もいるかもしれません。

物事を「点」でとらえるミクロの視点から見れば、あるいはそうかもしれない。起きることはすべて必然、必要という考えは単純すぎるし、楽天的すぎると映るかもしれない。

しかし、**物事を「線」や「面」で見るマクロの視点、つまりさまざまな事象を大きな流れのなかに置いて、全体を俯瞰《ふかん》する高い視点からとらえてみる**。すると、それがいたずらに楽観的でなく、かといって悲観的でもない、冷静で客観的な事実認識であることがわかってもらえるはずです。

山の奥に水源をもつ川が、やがて大河となって大地をゆうゆうと横切り、海にそそぐ姿を想像してみてください。川の流れは部分的に見れば、あるときはよどみ、ある場所では蛇行し、ある地点では後戻りさえしているかもしれません。

しかし、全体として見れば、そうした部分的な障害を越えて、川は海へ向かって「正しく」流れていきます。

私がいいたいのもそういうことで、川が最終的に海をめざしているように、**途中にどのような障害や困難があろうとも、私たちはよい方向、正しい方向へとだんだんと成長、発展していく**。それが天地自然の理が定めた、人間をはじめとする万物の「必然」であるからです。

したがって、私はきわめて楽観的であり、また肯定的なのです。どんなことが起きても、どんな苦難が押し寄せてきても、あるがまま、為すがままにすべてを受け入れ、感謝し、喜んで、楽しんで生きているし、その努力も惜しまないつもりです。

みなさんも、そのように肯定的であるべく努めてみてください。すべては必然であり必要なのだから、いまどのような境遇に置かれていても、それを恨んだり否定したりせずに、その状態をとりあえず現状肯定して、自分のなかに受け入れてみるのです。

そうすれば、にわかにツキがめぐってきて運気は高まり、成功や幸福に向かって人生が開かれていくのを、あなたは必ず実感するはずです。

第1章

「生き方」の法則

「人間の特性」から考える「本物の生き方」とは、

1. よく勉強して頭をよくし、

2. 心の質を高め、

3. よく働き、

4. 世のため人のために尽くすこと。

さらに、

5. 楽しく、

6. 健康的に、

7. 長生きすること。

人間とはいかなる存在か。それは古今東西、先人たちの頭を悩ませてきた壮大なテーマですが、私が考えるに、人間の本質は肉体ではなく精神、すなわち「魂」にあります。魂はしたがって、創造主の分身とも考えられる。

この魂という分身をもっとも効率的に向上させる方法として、肉体が与えられ、その肉体を動かすために、心（良心）にしたがうことを是とする知的意志を与えられたもの。それが人間であると、さしあたっては定義できそうです。

では、その人間はどんな特性をもっているか。私たちにはいろいろな特性がありますが、次の五項目は、他の動物には見られない、人間だけが所有する、すばらしい特性といえます。

①使えば使うだけ、勉強すればするだけ頭がよくなる。②知性と理性がある。したがって、考えて行動できる。③良心がある。④も

のをつくり出せる。⑤すべての生物をリードできる。地球上に生息する究極の存在である。

こうした特性を基軸にして考えてみると、そこから、人間はどう生きるべきか、どのように生きるのが人間のそもそもの本質や本然と合致する正しい生き方なのか。そのことがかなり具体的にわかってきます。

すなわち、①**よく勉強して頭をよくし、**②**心の質を高め、**③**よく働き、**④**世のため人のために尽くす**――ということになるでしょう。さらに付帯条件として、⑤**楽しく、**⑥**健康的に、**⑦**長生きする**――。

こうした点が実現できたとき、理想的な「本物の生き方」が可能になり、「本物の人間」に成長していく足がかりを得ることになるといえましょう。

成功の三条件とは、

1．素直。

2．プラス発想。

3．勉強好き。

私の経営コンサルタント業は失敗と挫折からのスタートでした。この仕事を始めた当初は、産業心理学に明るく、生産現場もわかっていた私は順調に業績を上げ、たちまちのうちにトップコンサルタントの地位を手に入れることになりました。

繊維業界の多くの企業が私の顧問先となり、テレビの経営講座も担当する売れっ子となって、やがてメーカーだけでなく、小売業や流通業の企業からも相談を受けるようになったのです。

しかし、これが失敗のもとでした。メーカー的発想で小売業のアドバイスをしたため、ほとんどが失敗。一年間に五社も六社もつぶしてしまい、「船井に相談すると会社がつぶれる」という悪評さえ立つようになってしまったのです。

コンサルタントの失敗は、ときに企業を倒産に追い込み、経営者や社員を悲惨な境遇にも追いやります。じっさい、そんな〝悲劇〟

を幾度か目のあたりにもしました。むろん、その責任の多くは私にあります。いま思い返しても、慚愧《ざんき》の念に堪えません。私はおおいに悩みました。

「この商売はおれには向いていない」——そう思いつめて、ついには友人のいる禅寺の門をたたき、「おれも頭を剃って出家したい」と訴えました。

「ろくに髪の毛もないおまえが、いまさら頭を剃ってどうする。それより、これからどうしたらいいか、死ぬ気になって真剣に考えてみろ」

友人はそう答えました。そのとおり、それから一週間、私は寝食も忘れて、懸命に考え続けました。伸びる企業とダメな企業は、どこがどう違うのか。自分の何が悪かったのか。どんなアドバイスをすればよかったのか……。

必死で考えたすえ、行きついた結論が「**企業はトップ一人の器量で決まる**」という、船井理論の最初の柱となる経営法則でした。

当時は、経済成長のまっただなかで、モノをつくるそばから売れていく時代。こんなことをいう経済人は、私以外だれもいませんでした。しかし、私には自信がありました。

では、そのトップに必要な資質は何か。さらに考えて、たどりついたのが、次の三つの条件だったのです。

1. 素直
2. プラス発想
3. 勉強好き

以来、私は顧問を引き受けるときには、依頼元の社長さんにズバり、「あなたは、この三条件に該当する人間ですか」とたずねるようになりました。

三つのうち一つでも欠けていると、いくらいいアドバイスをしても、その経営者が会社を成長にみちびくことはないと経験則から確信できたからです。

この三条件は、きわめてシンプルながら会社を必ず発展させる成功の法則であり、成長や成功の要諦はつまるところ、この三点に絞り込むことができるのです。

もちろん、これは経営者にだけ求められる資質ではなく、**人生万般にあてはまります**。自分を高めるという意味においても、普遍の成功三原則でもあるのです。

素直……自分が知らないこと、わからないことを否定しない。

成功の条件の一つめ、それは「素直」であるということです。ここでいう素直とは、「**自分の知らないこと、わからないことを否定しない**」謙虚な態度のことをさします。

世の中のさまざまな現象や構造については、まだほんの少ししかわかっていません。人間の知識や思考や経験はとてもかぎられていて、私たちが常識や事実として知っているものは、この無限に広い世界のごく一部にすぎないのです。

たとえば、いまは厳然たる科学的事実となっている地動説も、最初に唱えられたときには、まるで悪魔の説のように非難され、排斥されました。

それほど、人間の固定観念や既成概念というのはせせこましくて、また不自由なもの。その狭くかぎられた「知」によって未知を否定することは、可能性の否定につながり、巨大なものを微小なものさしで測ろうとする愚にも通じてしまうでしょう。

それだけに、どんなに非常識な事柄を見聞きしたときでも、「そんなバカな」「ありえない」などと頭ごなしに否定せず、「そうかもしれない」「おもしろそうだ」と強い関心をもって、積極的に理解しようとする。そういう素直な態度が大切になってきます。

賢人はおのれの無知を知るといいます。**本当に物事をよくわかっている人ほど、「自分は何も知らないに等しい」という正確な自己認識をもっているものです。**だから、謙虚になれるし、素直にもなれる。そして、そのことが人の力を大きく伸展させる要因になるのだと思います。

未知なこと、信じられないことに出合っても、けっして拒否反応を起こさず、心をひらいて、その事実をまっすぐに受け入れる。そんな前向きで素直な発想が、成功への一里塚となるのです。

◎

私が「素直」で思い出すのは、ある一人の人物です。生前、親しくおつきあいいただいたSさんという人で、彼は大学で通信工学を教えるかたわら、超能力や超意識の研究もされていましたが、とにかく赤ん坊のように純真な心の持ち主で、人を疑うということをまったくしない、素直のかたまりのような人物でした。

私などは、そのSさんの純粋なお人柄を見て、「あの人をだますのはいともかんたんだろうな」と内心あぶなっかしく思っていたものです。しかし、じっさいには逆でした。

「この人は絶対無垢《むく》な人物だ」――それがわかると、たいていの人はSさんに嘘《うそ》をつくことができず、彼に対してだけは正しいことしかいえなくなったのです。

そのとおり、Sさんは終生、人からだまされたり裏切られたりすることもなく、むしろ人からおおいに信頼され、慕われながら幸福な人生をまっとうされました。

私には、人間関係の究極のかたちがそこにあるような気がしてなりません。つまり、こざかしい駆け引きや処世術のかけらもなく、ただ無条件に人をまるごと信じる素直さと信頼感だけがある。それが人にまっすぐ伝われば、相手もそれにこたえざるをえなくなり、信頼には信頼をもって返す関係ができあがるのです。

詐欺や偽装がまかりとおる、このせちがらい時代には甘すぎる考えかもしれませんが、**人の心の根っこには、信頼には信頼でこたえる、そうした素直でやさしい気持ちがあるのです。**

相手を好きになれば、相手もこちらに好意を抱いてくれる。人間はよくも悪くも、もともとそういう単純素直な存在なのです。それが天地自然の理《ことわり》にかなうあり方であるからでしょう。

私もSさんを見習って、相手をまるごと信じることを自分に課してみたことがあります。赤ちゃんがお母さんにすべてをゆだねるように、相手のいうことを百パーセント信頼してみたのです。

結果は上々で、こちらの信頼に多くの人がまっすぐこたえてくれて、嘘をつかれたりすることはほとんどありませんでした。なによりも、無条件に相手を信じることがこれほど気持ちよく、さわやかな行為であるとは思ってもみないことで、それを実感できたのは私の人生における大きな収穫でした。

また、Sさんがなぜ、いつも自然体で人に接し、素直な気持ちで相手に信頼を寄せていたのか、その理由もよく理解できた気がしました。

世の中が複雑化すると、素直という一級の徳も、とかく愚かさの代名詞のように見られがちです。しかし、そういう時代であるからこそ、いたずらな疑心暗鬼の心を排して、素直、まっすぐに物事を受け入れることから始めてみたらどうでしょう。

天地自然の理にしたがって、そのよい思いには必ず、よい思いが返ってくるはずです。

世の中で「天才」と呼ばれている人をよく観察してみると、意外な事実が見えてきます。それは、天才とは異能の人や特別な人のことではなく、平凡だが、**「素直で謙虚な」人であるという点です。**いくら頭がよくても、この二つの特性を欠いた人は、能力を伸ばしていく段階で、「もう一人前だ」「おれが一番だ」といった自己満足やうぬぼれが顔を出して、その成長を止めてしまうことが多い。けれども、素直で謙虚な人は砂地が水を吸い込むように、いろいろな人のいうことをよく聞き、自分のなかにどんどん吸収して、知識や知恵として蓄えていきます。いわば、彼の内部に衆知が蓄積するのです。

知識が増えれば、思考が深まり、視野もひろがって、さらに知りたい、学びたいという気持ちがつのってきます。勉強がおもしろくもなる。その結果、能力が驚異的に伸びて、すぐれた仕事もやすやすとやってのけるようになります。

こうした好循環が無限にくり返されることで、人はいつのまにか、天才と呼べるレベルにまで成長していく。つまり、もって生まれた特殊な才能が天才をつくるのではなく、ふつうの人の努力が天才を生むのです。

それについては、こんな例があります。あるとき、私のセミナーに参加したある女子大生から、人脈をつくる方法を聞かれたので、私はつぎのように答えました。

あなたは毎日、いろいろな人と出会うでしょう。**その人数が二十人までだったら、その日のうちに全員にハガキを出しなさい。慣れてくれば一時間くらいで書けるでしょう。**ただし、どんなに字が下手でも、絶対に自筆で書きなさい。これがいちばん確実で安上がりな人脈形成法ですよ――そんなアドバイスをしたのです。

彼女はこれをさっそく実行に移しました。経営者の集まりに出て、名刺交換した人たち全員にハガキを書くと、なんと百通もの返信がきました。電話でお礼を述べると、多くの人が直接会ってくれ、それをきっかけに、彼女はすばらしい商品を見出し、新しい事業を始めることになりました。

素直に謙虚に、私のいうことを実行しただけで成功の端緒をつかんだのです。じつは、これは私自身がコンサルタント業を始めたときに実践した方法で、成功の法則というのは、時代が変わっても案外変わらないものといえましょう。

ごく平凡なことを地道に積み重ねていった、その果てに天才が出現する。平凡を重ねて非凡にいたる。こういう法則が、この世には時代を超えて厳然と存在するようです。

究極のプラス発想とは、
1．過去オール善。
2．他者オール肯定。

人間以外の動物は、本能的な意思と情動的な意思でしか動きません。行動の原理に理性的な意思をもつのは人間だけです。

では、この「理性的な意思」とは何か。かんたんにいえば、**悪いと思うことはやめ、いいと思うことを実行しようとする意思**のことです。善を為《な》し、悪を避ける。これはプラス発想の根源をなす大原理でもあります。

また、**人間には心に思ったこと、口に出したことが実現するという特性もあります。**たとえば、「うまくいかないだろう」「どうせダメだろう」と否定的なことばかり口にしたり、心に思っていると、その人は、そのとおりの現実を手にすることになる。

だから、明るい未来を手にしたかったら、まず、明るい未来像を頭に思い描くことが大切。なるべくいいことを思い、いいことをいうように心がけていれば、その思考や言動に見合った世界がやがて自分のものになります。

　このプラス発想の大切さを最初に教えてくれたのは、じつは私のいまの女房です。そもそも、前の女房と死別した、子もちのやもめ男と結婚してくれるなど、よほど前向きな考えの女性でなければできることではありません。

　加えて女房には、人にものをあげるのが大好きという特性があります。とにかく私が仰天するほど、どんどん人にものをあげてしまう。当然、自分のところにはものもお金も残りません。それでも彼女はケロッとして少しもこだわりを見せない。

　我欲というものがきわめて薄く、お金やものなんかなくても何とかなるという超・肯定的な考えの持ち主なのです。結婚当初こそびっくりさせられましたが、こういう女房に私はどれほど助けられたことでしょう。

助けられただけでなく、成功や幸福に近いのは、けっきょくのところ女房のような考え方をする人間であることが、やがて私にもよくわかってきました。たくさん与える人こそたくさん得る人だ――こんな究極のプラス発想を、私は女房から教わったと思っています。

ポジティブ・シンキングはいわゆる成功哲学の柱となる考え方ですが、それは、その考えが「善を為し、悪を避ける」という人間本来の理性的な意思によく合致しているからです。そのため、おのずと成功の大きな要素を形成してくれるのです。

◎

先に「起きることはすべて必然、必要であり、ベストのことしか起こらない」ということを述べました。

この法則は当然ながら、「**過去はすべて善**」という考えに帰着します。

なぜなら、過去のあらゆることが「いま、ここ」へたどりつくための必要条件であるのなら、その過去は何ひとつ否定されることなく、「必然なこと」として、一つ残らず肯定されなくてはならないからです。

じっさい、物事のなりゆきというのはマクロの視点から見れば、あれこれ紆余曲折《うよきょくせつ》を経ながらも、すべてたどるべき場所をたどり、おさまるべきところへおさまるように流れてゆくものです。

月が欠けるのもやがて満ちるためです。昨日の苦は明日の楽のためにあります。いまの低迷はつぎなる発展の要因にすぎないし、非常時は平常時にいたるプロセスでもある。

悪も善の前提だから、長い目で見れば、悪いこともやがて是正されるようにできています。すなわち、**世の中は時とともによくなるようにできている**といってもよいでしょう。

ずいぶん前、私が父親と前妻を相次いで亡くしたとき、当時の悲しみと痛切な思いは身をけずらんばかりでした。しかし、それから何十年経ってみると、そのとき考えたこと、感じたことで、いまの自分を形成するのに役立たなかったものは何ひとつなかったと、つくづく実感します。

すべて――「亡くなってよかった」とはいえないまでも――有益な経験であり、それがなかったら、たぶん私の現在はなかったでしょう。

マクロな視点から見れば見るほど、過去は肯定すべき善の積み重なりで、悪があったとしても、多くはやがて善に向かうようになっている。そうであれば、未来に対してプラス発想で楽観的になれるのも当然の帰結といえましょう。

「過去はマクロに考えれば、すべてよいことばかりであった。どんなに悲しいことや、苦労させられたことがあっても、それらはけっきょく、よりよい将来のための勉強であったのだ。感謝しよう」

こんなふうに生起する事柄、人間の行為をまるごと受容し、そのすべてを肯定する「過去オール善」、あるいは、「他者オール肯定」という考え方。

その究極のプラス発想を、人間は人間性を向上させるにしたがって、たしかに身につけていくようです。

◎

すべての事柄にプラス発想で取り組み、前向きな心で生きるための条件を具体的に考えてみると、二つの点に集約されるように思います。それは、**「現状肯定」と「感謝」です。**

現状肯定とは、たとえばあなたがリストラの憂き目にあったとします。それは望んだことではないでしょうが、その事実はもう変えられない。そういうとき、その事実を後ろ向きにとらえるのはやめて、そこを出発点として、できるだけ前向きに現状打破に取り組む。そういう姿勢のことです。

コンサルタントの世界でも、こういうことがあります。あるパチンコ店では、三百台ある機械のうち、じっさい稼働しているのは百台程度にすぎないとします。こういうとき、人は三分の一しか動いていない——とマイナス発想におちいりやすいものです。

しかし、そんな場合でも、私たちはつぎのようにアドバイスするのです。まず、もともと百台しかない店だと考えて、稼働していない二百台は頭から排除してしまいましょう。そして、**稼働している百台にしぼって、お客さまに徹底的に満足してもらえるような努力、工夫をしましょう**。その百人に満足してもらったら、その満足度を百五十人、二百人とひろげてゆき、最終的に三百人までもっていきましょう……。

こうしたやり方をすると、店の経営者は前向きになって、おおいにやる気を出してくれるのです。つまり、客観的な事実は変わらなくても、それを前向きに受け止めるか、後ろ向きに受け止めるかで、結果には雲泥の差が出てくる。だから、現状肯定がとても大切なのです。

現状肯定とは、よくも悪くも、すでに起きてしまったことをすべて「よいこと」だとして受容することです。すなわち、過去はみんな善。それが現状肯定の精神なのです。

もう一つは「感謝」。感謝の心をもつと、その人間のいちばんよい部分、長所が出てきます。したがって、感謝できる材料があるから「感謝しよう」ではなく、**「どんなことにも感謝しよう」と思うことが大切です。**

入社試験の面接をしているとき、私は受験者によくこんな質問をしたものです。あなたのお父さんはどんな人でしたか？　お父さんにどんなよい思い出がありますか？　お父さんからどんなふうに大事にしてもらいましたか？

いろいろな答えが返ってきます。「仕事ばかりしていて、ちっともかまってもらえなかった」などと否定的な意見も出てきます。そういうとき、私はさりげなく、「それだけお父さんは家族思いで働き者だったんだね」とプラスの方向へ修正してやるのです。

同じことを、お母さん、おじいちゃん、おばあちゃん、ご兄弟…

……と続けてやっていきます。すると、面接者の心に「**自分は恵まれた人間だったんだな**」**という感謝の気持ちが湧いてくる。**そのことを彼らに明確に自覚させてやると、その人のいちばんよい面が自然にあらわれてくるのです。

近ごろでは、人の悪いところを見つけたり、いたらない部分を批判したりするのが上手な人が増えた反面、人に感謝の思いを伝えることは下手な人が多いようです。そんな姿勢ではけっして他人を喜ばせられないし、自分も成長していきません。

ですから、まず、起きてしまったことを現状肯定する。つぎによいことがあったらもちろん、悪いことがあっても、ありがとうと感謝するよう努める。この現状肯定と感謝は、プラス発想で人生を前向きに生きるために不可欠な二大条件といえます。

勉強好き……知らないことを知るのを好きになろう。

「素直」「プラス発想」と並ぶ成功の条件は、「勉強好き」であることです。勉強好きというのは、知らないことを知るのが好きになること。あるいは、知らないことに挑戦するのが好きになることです。

なぜ知ることが大切なのかというと、不安というものは無知から生じるからです。海原にいて海のほかに何も見えないとき、陸や島がどの方角にあるかを知っているか知らないかで、大きな違いが出てきます。知っていれば希望が、知らなければ不安が生まれます。だから、未来に希望をもとうと思ったら、勉強しなければなりません。それも中途半端な勉学でなく、**とことん勉強することが大切です。**

そうすれば、まさに知はともしびで、よく学べば学ぶほど、深く知れば知るほど、未来に希望がひらけてきます。勉強不足のまま人生航海の艪《ろ》をあやつっても、行き着くのはおそらく悲観論という陸地ばかりでしょう。

わが国ではどういうわけか、いままでは悲観的なことをいうのが頭がよくて、楽観論を口にするのは思慮が足りない、頭が悪いといった見方がありましたが、これこそ薄っぺらな考えといわなくてはなりません。よく知り、深く学べば、必ず希望の光がともるのです。

さいわい、人間には使えば使うほどよくなる頭というものが与えられています。人間の頭脳は運動器みたいなところがあって、**もともとの頭がよかろうが悪かろうが、使えば磨きがかかるし、使わなければ錆《さ》びていく**。そんな性質をもっています。

だから、できるだけ、その頭を使って、頭をよくする努力をしなくてはならない。そのためには勉強することです。だれよりも勉強好きになることです。一生懸命勉強して、知らないことを学び、知らないことを経験し、知らないことを吸収していく。この努力をおこたらないことです。

私の知っている成功者というのは、**だれもが例外なく人一倍よく学び、よく働いています**。その結果、多くの成果を生み出し、さらに、その成果をひとりじめせず、他人のために分けてもいます。そんな彼らを見ていると、成功の要諦がおのずと見えてくる。

すなわち、学び好き、働き好き。この特性を習慣のごとく身にそなえれば、それが天地自然の理にかなったものであるだけに、その人は自然と成功へとみちびかれていくのです。

◎

勉強すればするほど頭がよくなるのは人間の特性です。その特性は自然の摂理に合っているので、勉強好きになれば、人は放っておいても伸びていくし、成長していくのです。

たとえば、私はつねづねコンサルタント業は読書家でないと務まらない、**月に最低でも二十冊の本を読まなくてはダメだといっています**。しかし、私の会社の社員で、これがなかなか実行できない人がいました。

そこで私は彼に、とりあえず自分が読みたい本を月に二冊ずつ読むようにすすめました。いくら読書が苦手だといっても、興味のある分野です。その気になれば、月に二冊くらいは読めるでしょう。彼はそれを実践しました。しかも、それを三年間続けたのです。

すると、どういう変化が起きたか。**本が手もとにないと落ち着かないくらい本好きな人間に変身してしまったのです**。いまやすっかり濫読家となって、月平均十五冊は読んでいるといいます。その読書の習慣は彼に豊富な情報や知識をもたらし、人間的にも成長して、仕事や人生における堅固な土台を築いています。

これとは逆の例で、こんな話もあります。中学時代、ＩＱが二百を超える天才少年がいました。彼の教科書は学年末になっても新品同様でした。一回読めば、ぜんぶ頭に入ってしまうからです。

彼は「教科書って、一度読めばわかるように書いてある」などとうそぶきながら、東大入学者を大量に出している名門高校へトップクラスの成績で入学しました。

しかし、そこから成績は急降下していきました。なまじ頭がよかったので、彼には「勉強する」という習慣が身についていなかったのです。そのため、地道な暗記を必要とする科目から成績が落ちていき、けっきょく三流大学にやっと入るのが関の山でした。

頭がよくても勉強をおこたれば宝の持ち腐れとなる、すぐれた資質をもっていても、勉強ぎらいでは成長できないという典型的な例です。

船井総研の創業まもない昭和四十年代、当時、急成長していたスーパーの経営者や幹部の方々をつれて、アメリカへ視察ツアーに出かけたことがあります。

外貨の持ち出しに制限のあった時代ですから、強行日程の貧乏旅行を余儀なくされましたが、参加者はみんな本当によく勉強したものです。

一日中、あちこちのスーパーを見学し、移動のバスの中では私の講義を聞き、夜は夜で、その日見聞きしたことをレポートにまとめるために遅くまで起きている。一日経つごとに、参加者の体重が一キロずつ減っていったほどです。

当時のスーパーの幹部に大学出身者は数えるほどしかいませんで

したが、こうして入社後に、本当によく勉強し、よく働いたおかげで、みなさん優秀な人材へと成長し、会社も大きく伸びていったのです。

あなたが成功の階段を昇り、充実した人生を歩みたければ、三十年とはいいません。二十年ともいいません。**たった三年だけ、わき目もふらず勉強に没頭してごらんなさい**。それだけであなたは一生を支えられるほどの大きな成果を得るはず。努力は天才に勝るのです。

人生最初の仕事で学んだ、
効率的に生きるコツ。
1. 上手な人と競うこと。
2. やる気を上げること。
3. 師やモデルをもつこと。

だれの人生においても平坦な道はありません。したがって、年代や状況によって、その生き方は異なってくるものでしょう。

そこで、私がいまのような考え方に到達するまで、どんな生き方をし、どのような生き方のコツを体得してきたのか。それをざっと年代ごとに述べておきましょう。

大学を出てから、二十代の私はある財団法人へ就職しましたが、そこでいちばん最初にした仕事はなんと「**切手貼り**」でした。先輩から切手千枚と封筒千枚を渡され、一枚ずつ貼るように申し渡されたのです。

私はまったく気乗りのしないまま、いやいやその仕事をこなし、二時間かかってなんとか貼り終えました。すると、ふたたび千枚ずつ渡され、もう一回やれ——しかも、こんどは同じ作業をしている女性社員に交じって、彼女たちと競争でやれといわれたのです。

「ヨーイ、ドン」でいっせいに始めましたが、意外に早く、三十五分くらいで貼り終えました。全員のなかでも三番目くらいの早さだったと思います。すると先輩から、一回目にくらべてずいぶん早くなったが、理由がわかるかと聞かれました。

「女性社員に負けまいと一生懸命やったからでしょう」と私が答えると、先輩は三たび、同じことをするようにいいました。ただしこんどは、いちばん早かった女性の貼り方を真似《まね》てやれというのです。

そうして三度目を、私といちばん遅かった女性の二人でやることになり、私は二十分そこそこで、いちばん遅かった女性も三十分くらいで貼り終えました。

そこで、またしても先輩から、さらに早くなった理由を問われたので、「いちばん早い人のやり方を学んだからです」と答えました。するとと先輩は、こう教えてくれました。

「今日、きみは三つのことを学んだ。一つ、競争があると早くなる。二つ、やる気があると早くなる。三つ、師やモデルがあると早くなる」

私はなるほどと感心し、大事なことを教えてもらったと思いました。この切手貼りから、「効率的に生きる（働く）コツ」のようなものを学んだ気がしたのです。

若いころに知ったコツ

1．負けないコツ＝あきらめない。

2．勝つコツ　①弱い者いじめ、②一番になる。

年を経て知ったコツ

1．上手に生きるコツ　①与えること、②プラス発想。

2．正しく生きるコツ　①自然のままに、②良心のままに、

③マクロに。

以来、私は二十代を通じて、仕事においてはいつも「競争相手を求める」ことがモットーとなりました。競争心ややる気をかき立ててくれるモデルを探し、彼と競うことで、自分自身の力を磨いていこうと考えたのです。

そうはいっても、二十代の若僧のすることですから、なかなか競争には勝てません。負けることのほうがずっと多かった。しかし、負ける経験から、わかってきたこともありました。

それは「負けないコツ」です。このコツはかんたんでした。**あきらめないことです。**あきらめず、くじけず、続けていれば、勝てはしなくても、けっして負けることはないのです。たとえ現象面で負けても、心が折れることはない。

そのことが理解できてからは、「**強気、負けん気、思いやり**」という三つのこともモットーに加わりました。それは三十代の前半ごろまで続いたと思います。

競争において、「勝つコツ」を覚えたのは三十代後半、ちょうど船井総研をつくったころのことです。

この勝つコツもむずかしいものではありませんでした。**要するに「弱い者いじめ」をすればいいのです。**自分より強い者と戦えば負けるが、自分より弱い者と戦えば勝つ。この身もフタもない闘争の非情な論理を適用すれば、競争には必ず勝てます。

たとえば、年商五億円の店舗があって、この店のシェアを拡大する場合、自分よりも年商の多い同業者に戦いを挑むのではなく、自分よりも下位の、それも年商五億に満たないくらいの、すぐ下にいる同業者を叩くことで、その売り上げを少し奪う。

このように、次者である自社のすぐ下にいる相手を次々に競争相手に選んで打ち負かすことで、みずからの力を強化していき、最終的に一番の位置を手に入れる。その「弱い者いじめ」のプロセスを私は「**次者包囲法**」と呼び、経営手法の一つに加えていました。

競争から共生へと時代が変化（進化）を遂げてからは、私はこの手法を使っていませんし、顧客にすすめることもしていません。しかし、勝つコツとしては非常に効果的なやり方といえます。

そんな戦略を使いながら、私は勝利の法則を身につけていったのですが、つぎに模索したのが、自分の力に応じて「一番」になれる方法です。そして、そのためのベストの手法として編み出したのが「**包み込み**」の発想でした。

包み込みについてはプロローグで述べましたが、競争によって相手を完全に叩きつぶすことではなく、強者が弱者を包摂していく方法です。

そこから、さらに四十代になり、「勝つコツ」から「上手に生きるコツ」へと私の重心は移っていきました。具体的には、「**与えること**」と「**プラス発想**」の大切さを知ったのです。そして、「素直、プラス発想、勉強好き」という三点を、人生を楽しく、充実させるための要諦として強く自覚するようになったのです。

これによって、私の会社は大きく伸びていきました。しかし同時に、私には競争や競争に勝つことが空《むな》しく感じられるようになってきました。そこでいろいろ勉強をした結果、「長所伸展」と「肯定」「感謝」という手法の有効性を悟ったのです。

つまり、**短所を直さず長所を伸ばす、すべてを善として肯定する、感謝の心を忘れない**。この三つを実践すると、必ずしも競争に頼らなくても、成長や成功が実現できることがわかってきたのです。

こうして五十代から六十代にかけて、この「上手に生きるコツ」はさらに、「正しく生きるコツ」へと発展していくことになりました。

そのすべてを体得できたわけではありませんが、「**自然のままに、良心のままに、マクロに**」生きていけば、人はおのずと天地自然の理に沿って、正しい道を歩んでいける。そうした真理の指先くらいはつかめたような気がしているのが、いまの私のいつわらざる心境なのです。

人間性を高めるためには、

1.「お金だけ」「いまだけ」「自分だけ」から脱すること。

2.与え好きの人間になること。

人間性を高めるためには、一言でいえば、「**与え好きの人間になる**」ことが肝心です。私の女房はなんでもものを人にあげてしまう、根っからの与え好き人間ですが、こういう人は所有欲やエゴが薄いという点で人間の質がもともと高いといえます。

そんな与え好きの人間になるためには、「お金だけ」「いまだけ」「自分だけ」という三つの「だけ」から脱皮すること。そして、「幸せ」「未来」「他人」も大事だという考えを心底から自覚することが肝要になってきます。

つまり、自分や自分の内側にだけ向いていた近視眼的、利己的な目を他人や外へも向けて、長期的、利他的な視点で物事をとらえるよう努めること。いわば、「もらい好き」でなく「与え好き」となるべく心のハンドルを切ること。それが人間性を高める起点となるのです。

この与える、もらう（得る）という観点から人間の成長レベルを測ってみると、つぎのような段階に分かれると思います。

第一は、「テイク・アンド・テイク」のレベル。卑近な例でいえば、取引先から、自分の役職あてにもらった贈り物を部下に分けることもせず、ひとりじめして家に持ち帰るような行為。「もらう」ばかりで与えない、もっとも低いレベルです。

第二は、「ギブ・アンド・テイク」のレベル。「もらう期待をしながら与える」「もらったから与え返す」といった、損得を等価交換するような考え方で、ビジネス社会の常識はこのレベルで成り立っていることが多い。けっして低くはないが、高くもないレベルです。

第三は、「ギブ・アンド・ギブ」のレベル。「見返りを求めないで与える」ことですから、人間性はかなり高まっているといえましょう。「与えるは、受くるよりもさいわいなり」という高度な心的境地にもなれ、与え好き人間の資格は十分といえます。

私の経験からいうと、「ギブ・アンド・テイク」のレベルで得られる情報や知りあう人は、よいこと半分、悪いこと半分といった程度です。

しかし、「ギブ・アンド・ギブ」のレベルまで達すると、得る情報も知りあう人もおおむね上等で正しくなります。また、感謝の気持ちが強くなり、人相もよくなってくるようです。

「お金だけ」「いまだけ」「自分だけ」――この狭隘《きょうあい》で利己的な三つの「毒」から脱して、おのれの人間性を高めたかったら、「ギブ・アンド・ギブ」の精神をそなえた「与え好き」の人間になる努力を忘れてはいけません。

世の中というのは非常にうまくできていて、**与える者が受け取る者**なのです。その「与え好き」の大切さを私に教えてくれたのは、Aさんという人物でした。

◎

Aさんは戦後、シベリア抑留から帰国して、裸一貫から中部地方のある百貨店を地域ナンバーワンにまで育て上げた人ですが、彼の与え好きは尋常ではないレベルにまで達していました。

なにせ、中元や歳暮の時期になると、商圏内のほとんどすべてといっていいくらい多くの家庭にいちいち品物を贈るのです。その数は膨大で、かかるお金も莫大《ばくだい》です。そこで私は、「そんなお金があるなら、もっと社員の給料を上げたらどうですか」と忠告しました。

すると、彼は私の顔をじっと見つめて、十分間くらいだまっていましたが、やがて、あきれたような顔で、

「船井さん、あんたは頭がいい人だと思っていたが、じつは大バカ者だね。そんな考えでよくコンサルタントが務まるものだ」

と言い放ちました。

人にものをあげるほどプラスになることはない。しかし、お金ものも、ただあげられるものではない。大義名分がなければ与えられない。中元や歳暮はその絶好の機会なのだ。それにいちゃもんつけるとは、あなたは経営コンサルタント失格だ――というのが彼の言い分です。

そう決めつけられて、若い私も頭に血が上りました。売り言葉に買い言葉で、「**よし、どっちが正しいか、実験してみようじゃありませんか**」と挑戦状をたたきつけたのです。

どういう実験かというと、私とAさんの両方を知っている身近な人をリストアップして、Aさんはその人たちに徹底して贈り物をする。一方、私は何もしない。それで一年後、二人は大ゲンカをする。ただし、あきらかに私のほうに理があるケンカをする。さて、身近な人はどちらの味方をするか——。

Aさんは、「理は船井さんにあっても、ほとんどおれにつく」と自信満々です。私は私で、理はこっちにあるのだから、みんな自分の味方になると思っています。結果はどうだったか。

なんと八割の人がAさんの味方をしたのです。つまり、**理よりも、ものをもらったことへの情が勝ったのです**。私の完敗でした。その後、いろいろ調べてみると、ただでものをあげていると、やがて数倍の見返りがあることもわかってきました。

いい会社、伸びている会社ほど、ものをあげるのが上手なのです。

以来、私はうちの社員に「**とにかく人がきたら、ものをあげろ。あげるものがなかったら、ただで教えろ**」といっています。

損得抜きで、見返りを求めず、人に与える。そういう「ギブ・アンド・ギブ」を実践する人こそ、多くを得る人。与え好きこそ生き方上手といえるのです。

人の顔は生き方の鏡。
正しく生きれば、人相もよくなる。

人を外見で判断してはいけないなどといいますが、外見が中身の正直な反映であることも多いものです。

人間の顔は、その端的な例で、いい生き方をしている人はいい顔をしています。必死に生きている人は必死の形相をしているでしょうし、悩みや迷いの多い人生を送っている人は、その悩みや迷いが隠しようもなく顔にあらわれているものです。

人間の顔、つまり人相は、その人の生き方を如実に反映する「鏡」であるともいえましょう。人相というと、当たるも八卦《はっけ》、当たらぬも八卦の占いの世界のことのように感じられるかもしれませんが、人間性をはかる尺度、生き方を判断する材料として、これほど経験則に裏打ちされた正確な鏡はありません。

私は職業柄、伸びる会社はどんな会社ですかという質問をよく受けます。判断材料にはいろいろありますが、経営者や社員の顔つきというのも、かなり重要な基準です。

彼らの顔が明るく、よい人相をしている会社。こういう会社はまちがいなく成長軌道に乗って、大きく伸びていくものです。それが彼らの意欲ややる気、あるいは生き方をも端的に反映しているからです。

人相は人の生き方そのものであり、だから、よい人相になる正しい生き方をしなくてはなりません。では、どんな生き方が正しい生き方といえるのか。

まず、自然に反する生き方をやめること。つぎに、人の悪口をいったり欠点を指摘しないこと。そして、もらうよりも多く与える生き方を心がけること。この三つを実行すれば、即座に人相がよくなり、運もめぐってきます。

より具体的には、心を楽に保ち、ストレスをためない。明るいプラス発想で、良心に沿って生きる。いつも笑顔を絶やさず、感謝の心を忘れない。何にでもやさしく接し、我欲を抑え、本物をよく見聞きする……そんな生き方です。

これらが完全にはできなくても、つね日ごろから、こうしたことを心がけ、どれか一つでもいいから徹底的に実践するようにする。そうすれば、人間性が高まり、生き方が整い、人相も必ずよくなっていきます。

1.好きなこと。
2.得意なこと。
3.興味あること。
この三つに意力を注ごう。

人がすみやかに成長し、人間性を向上させていくときの心得として、私がみなさんにおすすめしたいのは、**好きなこと、得意なこと、興味のあること――この三つのことに意欲や能力を集中させることです。**

反対に、嫌いなこと、不得手なこと、興味のないことをやろうとすると、人間は非常に苦痛を感じるものです。この苦痛に感じること自体、そこになんらかの無理がある証拠、あるいは生き方として正しくない証拠なのです。

そういう無理や困難を抱えたままで努力を重ねても、人間の能力というのは、けっして正しい方向へ大らかには伸びていきません。

また、生き方上手で、世のため、人のために元気で尽くしている人たちは、そのそれぞれの長所や得意分野を活かすことで社会や人に貢献しているはずです。自分の短所や不得手な部分を活かすことによって人に尽くし、社会貢献をしている人というのは、かりにいるとしても、ごく少数に違いありません。

好きなこと、得意なこと、興味あることなら、人はおのずとあきずに続けてやるし、深く打ち込んでやります。その継続力や探求心が人を成功へと近づけるのです。その典型的な例が、メジャーリーグで活躍するイチロー選手でしょう。

イチロー選手は、ものごころついたころから野球を始めて、小学生のころにはすでにプロ野球選手になるという人生の目標を立てていました。そのために友だちと遊ぶ時間をけずり、綿密な計画を立てて、懸命な努力を惜しまなかったといいます。

それができたのは、彼にとって野球が他の何よりも好きであり、得意であり、興味あることであったからでしょう。そういうものに幼いころから出合えたのはイチロー選手にとって幸福といえます。

私たちも、自分の好きなこと、得意なこと、興味あることを仕事や職業にできればベストです。かんたんなことではありませんが、そうできるよう努力することはムダではありません。私はかつて、こう本に書いたことがあります。

「趣味を仕事にするのがもっともよい。しかし、それが不可能な場合には、自分の仕事を趣味にしよう」

好きなこと、得意なこと、興味あることを仕事にできなかったら、仕事に興味を抱き、それを好きになり、得意なことにすればいいのです。

◎

将棋の世界で頭角をあらわす人間というのは、頭のよい人間でもなければ、長く研鑽《けんさん》を積んだ人間でもない。もっとも頭角をあらわすのは、「本当に将棋が好きな人間だ」といわれているそうです。

将棋にかぎらず、好きなことをやっているとき、人間はもっとも成長するものです。だから、趣味の世界では上達が早い。この原理を仕事や人生に応用したらいいと思います。

人生を過ごすなかで、いちばん多く費やさなければならない時間は、いうまでもなく仕事の時間です。その時間が楽しくなければ、人生そのものがつまらなくなってしまう。

人生をつまらなくしないためには、いちばん多くの時間を費やす仕事を好きになればいい。そうすれば、好きな仕事をしている時間が増えて、おのずと人生が楽しくなるでしょう。

これを実践している人が、私の会社にいます。その社員はじつは、入社試験には落ちたのですが、私の会社でどうしても仕事がしたいと私に直訴の手紙を寄こした人物です。

その彼の担当分野に仏壇や墓石の業界があります。そんないっぷう変わった業界を選んだ理由の一つは、彼が「墓参りが趣味」であったからです。

彼は中学生のころから、お父さんの代理として月に一回墓参りに行かされていた。その報酬として、お父さんは彼にいつも喫茶店のモーニングサービスを食べさせてくれたそうです。

それに釣られて通ううちに、本当に墓参りが好きになり、いまではお墓をきれいに掃除していると、すごく落ち着いた心地よい気分になれる。それだけでなく、仕事や人生のヒントになるよい考えが浮かび、「よし、やってやるぞ」という意欲や勇気も湧いてくるといいます。

最初は好きでなかったことを続けるうちに好きになり、その好きなことを仕事にし、その仕事をさらに好きになって、能力的にも人間的にも成長していった。彼はその好例です。能力を高め、人間を高めるには、好きなことをやり、それを伸ばしていくのが最短距離なのです。

興味をもって好きになれば、なんでも上手になる。そのときのポイントは、「好きなものを選ぶ」のではなく、いま目の前にあるものに「興味を抱き、好きになる」ことにあるのです。

直感力を磨くには、

1．本気で意識を集中させる。

2．複雑な問題ほどシンプルに考える。

3．情報のアンテナを張る（メモをとる）。

人間の能力と成長力はほぼ正比例するもので、能力が伸びていくかぎり、人間の成長には限界がないように思えます。

私が「人間の能力には限界がないな」と思わされることの一つに、直感力というものがあります。

直感というのは、思考や論理を介さず、心が直接何かを感知すること。わかりやすくいえば、考えなくても、**瞬間的に「正しい答え」を知覚できる能力**のことです。

そんな能力が人間にはだれにも備わっているのですから、その能力はほぼ無限であり、私たちはその何分の一も有効に使えていないということになります。じつにもったいないことです。

直感やひらめきというと、非論理的であいまいなものと思う人もいるでしょうが、知識や経験を母体に生み出される人間のカンというのは、ほぼ正確で理にかなっており、本質をあやまたず射貫《いぬ》いていることが多いものです。

したがって、日ごろから直感を磨く訓練をしておけば、私たちは思考を介するよりもはるかに早く、即座に正しい答えにたどりつくことが可能になります。**プロというのは、少なくとも自分の専門分野に関して、この直感をするどく働かせることのできる人をさすのだと思います**。

では、直感をするどく働かせるために何が必要か。本気で意識を集中すること、複雑な問題ほどシンプルに考えること、日ごろから外界にアンテナを張り、情報を集め、勉強をおこたらないことなどが大切になってきます。

また、ふだんから「メモをとること」もきわめて大事です。私も記憶力はかなりいいほうだと自負していますが、それでもつねにノートをもち歩いていて、気がついたことをすぐにメモしたり、テーマごとに自分の考えをまとめたりすることに役立てています。このノートは片時も手放しません。

新聞や雑誌を読んでいるときに気づいたこと、人と会ったときにおもしろいと感じたことなどもメモにとり、あとで読み直して、自分のものの見方、考え方をまとめるときの参考にしたり、原稿書きや講演のさいのレジュメや資料として使用することも少なくありません。

新しい知識を仕入れるごとに、テーマごとに分けられたノートのページにメモを追加して、それが一定量になったら、また新しくまとめ直すといった方法もとっています。

これらのメモを総合的に分類すれば、**①学んだこと＝教えられたこと、②感じたこと＝気づいたこと、③ルール化したこと**――この三つに分けられますが、それによって私は毎日、「頭がよくなっている」実感があります。

もちろん、直感力というのも、これらメモの群れから生まれてきます。したがって、メモをとらない人はせっかく目にした情報、手に入れた情報をそのまま捨てているようなもの。ということは、能力を伸ばし、直感を磨くチャンスもみずから捨てているようなものなのです。

自分の能力に限界をもうけず、直感力をするどく磨くためにも、まず、メモをとることから始めてみてください。

人材を「人財」にするためには、

1．プラス勘定の人間にする。

2．人間性を高める。

3．独自固有の長所を伸ばして天才にする。

船井流の人づくりにおいて、私は一般に使われる「人材」ではなく、「人財」という言葉を使っています。

この人財というのは、たんに有能であるとか、会社の役に立つ人間であるというだけにとどまらず、「**自分にそなわった独自固有の長所を活かすことで、自分を活かし、他人を活かし、世のため、人のためになるような行動ができる**」人のことをさします。

では、たんなる人材でなく、人財を育てるためにはどうしたらいいか。大きく三つの段階に分かれます。

まず、第一段階は「**プラス勘定の人間にする**」ことです。プラス勘定の人間というのは、一言でいえば、人間として生きていくために最低限の正しい「**クセづけ**」のできた人のことをいいます。

この「クセづけ」とは、いわゆる「躾《しつけ》」のことでもあって、「約束を守る」とか「自主的にやる」といった、社会や会社で通用するルールや心がまえを身につけることを意味します。

ですから、人を人財として育てるためには、まず、礼儀やルールをきちんと躾けて、それをしっかりとクセづけしていく必要があります。そのクセづけさえできれば、あとは好きなことを自由にやらせればいい。そうすることで、学び好き、働き好きで、プラス発想グセのついたプラス勘定の人間が育っていきます。

第二段階は、「**人間性を高める**」ことです。これには、「与え好きの人間にする」のがもっとも効果的といえます。「いまだけ」「自分だけ」という狭い我欲から離れて、他人の利益や幸福も視野に入れた、もらうよりも与えることに喜びを感じる利他的な考えをもたせるのです。

あるいは、物事を根源からマクロにつかみ、ミクロに対処するよう仕向ければ、その人はもらい好きから脱皮して与え好きの人間へと成長していき、おのずとその人間性を高めていくでしょう。

第三段階は、「**独自固有の長所を伸ばして天才にする**」ことです。人はだれでもそれぞれ固有の長所というものをそなえています。それを見つけて、認め、ほめ、伸ばしてあげる。すると、その人は自己のもつ最大限の能力を発揮するようになります。

自己のもてる能力を最大限に発揮できる人。そういう人はみんな天才と呼ぶにふさわしい人間なのです。

新入社員に施した五つの「クセづけ」

1．約束を守る。

2．自主的にやる。

3．逃げない。

4．自慢しない。

5．人の足を引っ張らない。

私の会社では、一人前の社会人として育てるために、新入社員たちに次の五つのクセづけ、すなわち躾を課しています。その五つを身につけることで、彼らは船井総研の社員としての第一歩を踏み出していくのです。

1．約束を守る――ごく当たりまえのことですが、船井総研ではただたんに「約束を守れ」という教え方はしません。そうではなく、「**できない約束はするな**」と教えます。

約束とは一種の束縛です。この束縛を私が嫌いなこともあって、できない約束、つまり自分の力量を超える約束はするなと教えるのです。そのかわり、した約束は何があっても絶対に守る。

こうすると、むやみに約束したよりもはるかに遵守意識が高まるし、じっさい守れるようにもなる。大切なのは、たくさん約束することではなく、した約束を必ず守る強い思いのほうなのです。

2. 自主的にやる――どんな仕事も自分で責任をもって、納得できるよう自主的に行えという教えです。

たとえば組織で仕事をしていると、自分のしたことではないのに、自分に責任が及んでくることもあります。他人の指示で動かなくてはならない若いときには、なおさらそういうケースが多い。こういうとき、人は「自分のせいではないのに……」という不満を抱きやすいものです。

しかし、そうしたときこそ、「**自分に起きることは、よいことも悪いこともすべて必然、必要である**」と考えて他人に責任転嫁せず、事態を受け入れて、自己責任のもとで行う。そういう自主的なクセづけが重要になってきます。

3. 逃げない――先に苦しさやつらさが予想されるとき、人は問題に取り組むことから逃げたくなります。しかし、そういうときこそ逃げてはいけません。

なぜなら、「**逃げると危険は二倍になるが、勇気をふるって正面から取り組めば危険は半分になる**」からです。いやなことでも逃げずにやっていれば、必ず突破口が見つかり、それを好きになるきっかけもつかめる。船井総研ではそう教えています。

4．自慢しない――自慢をしたり、手柄を吹聴《ふいちょう》したりすれば、人から反発を買う。嫉妬や羨望を抱かせる。人間関係を悪化させる。信用を失う……よいことなど一つもありません。だから、私は若い人たちにいつも謙虚であれと説いています。

同様に、「**いばらない**」ことも大切です。私を訪ねてきた商談相手について、女性秘書がまれに「会長、あの方の会社との契約はやめておいたほうが……」と遠慮がちに助言してくれることがあります。

理由を聞くと、会長に対する態度と自分に対する態度がまったく違うからといいます。そして、彼女のこの助言が外れることはほとんどありません。

自分より強い立場の人には慇懃《いんぎん》、弱い立場の人には横柄――こんなところにこそ、人間性は如実にあらわれるし、人はそれを見ているものです。だから、いばるなかれ、自慢するなかれ、謙虚であれ、なのです。

5. 人の足を引っ張らない――人のやることに横やりを入れたり、成功を邪魔したりすることは、おそらくもっともネガティブで下等な行為です。それだけはしてはいけない。人の足を引っ張る人は人から足を引っ張られる人なのです。

この五つのことは船井総研における「人づくり」の原点であり、これらを身につけることを私は「躾」と呼んでいるのです。

効率的な仕事をするクセづけ

1. 能率的にする。

2. ムダ・ムリ・ムラをなくす。

3. 即時処理する。

クセというのは、よくも悪くも習慣のことですから、一度クセをつけると、それが日常になります。他の人が「面倒だ」「たいへんだな」と思うことも、それが習慣として身についてしまえば、当人にとってはさほど苦労を感じないルーティンワーク化することができる。

ですから、私たちが仕事においてすべきさまざまな事柄も、それが苦労でも困難でもなく、当たりまえの習慣として日常化できるよう、日ごろからクセづけしておく必要があります。

すなわち、**仕事はいつも「能率的」に、「ムダ・ムリ・ムラのない」よう、「即時処理」を心がける。**これらをまず、最初にクセづけることがきわめて大切になってくるのです。

仕事を能率的、効率的に行うことの大切さはあらためて言及するまでもないでしょう。ただ、一つ指摘しておきたいのは、効率はたしかに、最短の時間と最小の負担で最大の効果を得る方法のことですが、**その効率はじつは「思いやり」から生まれるという点です。**たとえば、何か作業をしたとき、次に同じ作業をする人のために、しっかりと後片づけをする。すると、次の人の効率が上がります。前の人が作業の後始末をちゃんとしておいてくれれば、自分たちの作業効率も上がる。

後片づけや後始末は些事《さじ》に属することですが、効率というのは、そうした「小さな思いやり」の集積から生まれてくるのです。些事や細部などすっ飛ばして先を急ぐことを効率だと考えている人は、その考えをあらためたほうがいい。些事や細部をていねいに、そして、すみやかにこなすことこそが効率なのです。

次に、「ムダ、ムリ、ムラ」がいけないのは、それらがすべて不自然なことであるからです。自然が生み出すものはどれも必然、必要ですから、**そこに余分なもの、ムダなものは何ひとつありません。**

当然、ムリもムラもない。

仕事も同じです。ムダ、ムリ、ムラは仕事の効率を低減させる不自然な行為なのです。仕事もその自然の定理にしたがって行えば、すべてがよい方向へ、スムーズに進むのです。

また「即時処理」とは、いますべきこと、できることはけっして後回しにせず、すぐにその場でやることですが、これをクセづけしておくと、仕事の能率が見違えるように上がっていきます。

私のところへ、いろいろな立場の人が「人を紹介してくれませんか」という用事で訪ねてくることがあります。私は人のためになることは何でもしたほうがいいという人間ですから、格別断わる理由がないかぎり、できるかぎりの範囲で、「いいですよ」と快く引き受けることにしています。

それも、後日、あらためて連絡をとってみましょうなどといわず、**その場ですぐに相手に電話を入れます**。そうするほうがいいと判断すれば、「この場で電話してください」と依頼人にやはりその場で、私の電話を使って直接相手に連絡をとるようにすすめることもあります。

これが即時処理です。仕事もそんなふうに、余計なタイムラグや躊躇《ちゅうちょ》、不必要な判断の留保などを差しはさむことなく、即断即決で進めていくのが基本なのです。

この三つの要件をクセづけるだけで、仕事の能率だけでなく仕事の能力も格段にアップしていくはずです。

三十五歳までは、「信頼されるクセをつける」。
三十五歳以降は、「信頼される行動をとる」。
五十五歳以降は、「信頼される人間になる」。

人から信頼を得るためには、自分がまず、その信頼に足る人間でなくてはなりません。それなしで「どうか私を信用してください」と懇願しても、相手の心は離れていくばかりでしょう。

ですから、本当に信頼される人間になりたかったら、信頼されようなどというさもしい気持ちは捨てて、まず、確固たる自分というものを築き上げることから始めなくてはならない。そのために、私は次のような、年代別の信頼獲得計画を考えています。

まず、三十五歳くらいまでの若い年代には、「信頼されるクセづけをすること」が最重要です。そのためには、**①約束を守ること。②学び好き、働き好き、素直であること。③論理的、現実的であること。④不平不満をいわず、プラス発想であること。⑤居所がはっきりしていること**――この五つを守ることです。

若いうちのライフスタイルは一生を支配しますから、この期間のクセづけはきわめて重要です。この時期に正しい生き方の基本をつくっておかないと、先へいって苦労することになります。

次に、三十五歳以降の壮年期に必要なのは、「信頼される行動をとること」です。前の年代ですべきことをきちんとしておけば、かなりの信頼を獲得しているはずですが、信頼とは築くのはたいへんですが、壊すのはじつにかんたんなものです。

そこで、獲得した信頼を持続させるために、この年代では、**①逃げない、いいわけをしない。②どんなことにも前向きに誠心誠意やる。③損得より善なる行動をとる。④自信をもつ。⑤他人の欠点を指摘したり、悪口をいったりしない**——といった点を念頭に行動する必要があります。

そして、五十五歳以降は、人間として仕上げの時期です。この時期のテーマは「信頼される人間になること」。そのさい留意すべき点は、**①だれもが納得する哲学をもつ。とくに、どんなものも大事にする。②他人の足を引っ張らない。とくに、他人に恨まれる言動をしない。③「我」よりも「公」を大事にする。「マクロの善」なる行動をとる。④謙虚であり、出処進退がきれいである。⑤与え好きである。**

このような、年代別の目標に留意して行動すれば、「確固たる自分」というものが確立され、あなたは人から絶大な信頼を寄せられる人間になれるはずです。

「天職発想」が人生を成功へみちびく。

歴史の転換点には、その変革を担う多くの人間と、その人間を教えみちびく少数の人物が必ずあらわれるものですが、とりわけ私がすぐれた人材（人財）育成の先駆者として注目し、尊敬もしているのは吉田松陰です。

吉田松陰はいうまでもなく、幕末の動乱期にあって、やがて明治維新の偉業を成し遂げる多くのすぐれた人材を、長州・松下村塾において数多く育てあげた人物です。

彼自身はその過激な思想ゆえに、新しい時代の到来を見ることなく刑死しますが、彼が育て、彼の教えを受けた高杉晋作、伊藤博文、山県有朋といった人物が、のちに維新革命の中心動力となっていくのですから、松陰こそは歴史に残る教育者、人を育てる名人といえましょう。

その松陰の人材育成法の特徴を、私なりに解読してみると、次のようになるかと思います。

①長所伸展を心がけ、短所には触らず、世のため、人のために尽くした。
②人を好きになり、ほめて、認めてあげて、喜ばせてあげた。
③他人の短所は指摘せず、また、自分の自慢はしなかった。
④その人のいいところを本人に教えて、自信をもたせた。
⑤いいと思ったことはすぐにやらせるようにして、悪いと思うことはすぐにやめるようクセづけた。
⑥つねにプラス発想をして、どんなこともうまくいくと信じさせた。

また、私が松陰の生き方において感心し、「自分には真似できそうもないな」と敬服するのは、彼がいつも「命がけ」で生きていたということです。

全国を旅して見聞を広めるために脱藩することを厭《いと》わなかったり、

ペリー艦隊へ小舟でこぎつけて密航を企てて投獄されたり、自分の思想信条をつらぬくためには命を賭《と》すことも辞さない覚悟がいつも松陰の肚《はら》にはすえられていました。

彼はおそらく、自分はいつ死んでもいいと思っていたでしょうし、ついに投獄され、刑死の場にのぞんだときにも、従容としてその運命を受け入れたはずです。

この「命がけ」ほど重要で、また強いものはありません。人材育成においても、人を育てる側の人間にこの命がけの姿勢がなければ、人はついてこないでしょうし、人が自分自身を成長させようと思ったときにも、その命がけの心が他の追随を許さない大きな推進力となるでしょう。

たとえば、私は職業柄、多くの成功者を見てきましたが、**その成功の確率は、いかにその人が真剣に、命がけで仕事に取り組んでき**

たかに比例しています。

そこには学歴や年齢、性別などは関係ありません。最初は関係していたとしても、失敗を恐れず、積極的に、命がけで、自分のすべきことを懸命にしている人は、そうした所与の条件、制約などはかるがると超えて、大きく成長していき、やがて余人の手の届かない高みにまで達することができるのです。

もっとも、松陰の時代ならともかく、平和な現代においては、なかなか「命がけの思想」はもちにくいかもしれません。

そういう人は、それに準じる考え方として、「**天職発想**」で行動してみることをおすすめします。

私の顧問先で親友でもあったAさんは、裸一貫、婦人服の服地の小売りから身を立てた人ですが、それを始めた時点では、自分の商売がまったく好きになれなかったといいます。

「ご婦人の服地を売るなんてことは、そもそも自分の体質に合わなかったんでしょうな」

しかし、体質に合おうが合うまいが、カネもコネもないAさんには、その商売しか飯を食うあてがありません。そこで、「どうせやらなければならないのなら好きになろう、これこそ『天職』だと思って一生懸命がんばろう。そう考えて、ハッスルし始めたんです」

そうしたら、がぜん興味が湧いてきて、勉強も苦にならなくなり、一年もしないうちに、婦人服地に関してはメーカーや問屋の担当者が聞きにくるほどくわしくなり、何が売れるかもわかってきたといいます。

嫌いで始めた商売を、天職発想で気持ちを切り替えて好きになったことが、一人のプロフェッショナルをつくったのです。

あなたも――それが望んでなったものか、そうでないかにかかわらず――あなたの仕事や職業を「これは天が自分に与えた使命なのだ」と考え、好きになることから始めて、命をかける心づもりで取り組んでみてください。

その天職発想と懸命の姿勢は、必ずあなたを成長と成功の高みへとみちびくはずです。

第2章
「ツキ」の法則

ツクためには、
ツイているものとつきあうこと。

長年にわたって「運」の研究をしてきた結果、私は運命と人生の関係について次のように考えるようになりました。

1．この世のことは、すべて必然で偶然事はない。

2．しかし、一人の人間として生まれたときから、人生のすべてが決まっているわけではない。宿命的なことまでふくめて、われわれは自分の運命の支配者であり、思考や言動によって、それをリードすることができる。

3．したがって、人間は絶えず自分を「ツク」状態に置くよう努力すべきであり、それが人間として正しい生き方となる。

つまり、運命の主体は人間自身にあるのだから、私たちは日ごろから、正しい生き方やよい心がけを通じて運やツキを呼び込む努力をしなければならないのです。

では、どうしたら運を向上させ、ツキを呼び込むことができるのか。そのもっとも初歩的な実践法といえば、「**ツイているものとつきあう**」ということです。

将棋や囲碁のプロ棋士を私は何人も知っていますが、こういう人たちがよくいうのは、大勝負の前に「ツイている人」あるいは若い人や「はつらつとしている人」と会うと勝てるが、反対に「ツイていない人」、老人や元気のない人、病人と会うと負けることが多いようです。

また**彼らは対戦中にけっして自慢をしないそうです**。名人戦などで一日目が終わり、二日目の対戦が始まるまでのあいだに観戦者から感想を聞かれたり、指し手をほめられたりしても、自画自賛に類する言葉はけっして口にしないといいます。

なぜなら、自慢したとたんにツキが落ち、必ずといっていいほど勝負に敗れてしまうからです。肝心なのは、勝負の世界に生きている彼らが、「自慢したらツキが逃げる」と考えていることで、彼らは経験から、心のありよう、すなわち「思い」が勝負や運に与える影響の大きさをよく知っているのだと思います。

ツイているものとつきあうことが、なぜ、自分自身にもツキを呼び込むことになるのか。この原理には、じつは人間の「思い」が密接に関係しています。

私たちはふだんから、「運をよくしたい」「ツキを呼びたい」という思いを抱いているものです。自分はツイていない、運が悪いと考えている人ほど、その思いは強いはずです。

したがって、いま非常な盛運にめぐまれて、飛ぶ鳥を落とす勢いにある人を目の前にしたり、親しくつきあったりしていると、「自分もあのようになりたい」という気持ちがおのずと湧いてくるものです。

また、そのような気持ちで相手を観察していると、なぜ、彼がツイているのか、その理由も少しずつわかってきます。すると、**自然と相手の思考法や行動原理、習慣やクセなどを学び、それを真似《まね》するようになります。**

真似をすれば、わずかなりとも隆運の効果が上がりますが、それが「自分もあのようにツキたい」という思いをさらに強める。こうして、「ツキたい思い」と「ツイているものを真似る」行為が相乗されて、「ツクための習慣」が身にそなわり、その人はしだいに本物のツキを手に入れていくことになるのです。

まずは「長所伸展法」で、
自分のなかのツイているものとつきあおう。

ツキのある人とつきあおう——こういっても、それに該当する人間が周囲に見当たらない場合もあります。いたとしても、向こうも「私は運のいい人としかつきあわない」などと、あなたとの交流を断わってくるかもしれない。

そういうときは、**ツキのあるものを外部ではなく、自分の内部に見つければいいのです。**

いくらツイていない人でも、自分の能力や性格を一つずつ点検してみれば、必ずツキを呼び込める可能性の高い得意なこと、好きなことが見つかるはずです。

そうしたら、ツイていない部分はそのまま見ないようにしておいて、そのツキの種となりそうな部分だけをさらに拡張すべく力を傾注すればいい。

その具体的な方法が、プロローグでも触れた「長所伸展法」なのです。

すぐれたことや好きなこと、得意なことを伸ばしていくうちに、ふしぎなことに劣っていることや不得手な部分は自然と見えなくなり、解消されていくものなのです。

逆に、短所をひたすら直そうと一面的に努めていると、かえって長所までが消えていってしまう。それがマイナスをゼロに戻そうとする後ろ向きの思考にもとづいたものだからです。

同じことは、会社や商品についてもいえます。前年比で売り上げが落ちている商品について、「なんとか前年並みに戻そう」とばかり、その対策に力を入れる。

よく見られる例ですが、そんなツキのない商品の売り上げを伸ばそうとする努力は、かえって全体の業績の足を引っ張ってしまうので、なるべくしないほうがいい。それよりも、「**伸びているものを**

さらに伸ばす」戦略をとるべきです。

どんなに業績の落ちている店でも、品目別に統計をとってみれば、そのなかに必ず、前年よりも売り上げを伸ばしている品目が一つや二つあるものです。それはとりもなおさず時流に乗ったツイている商品といえます。

そのツキのある商品の仕入れを多くしたり、売り場をひろげたりして、さらにその売り上げを伸ばす工夫をする。そのほうがはるかに大きな利益増に貢献するのです。

つまり、**ツキのないものは無理して追いかけず、そっとしておく。そのかわり、ツキのあるものに徹底してつきあう。**この方法を自分の内部や身の回りで実践してみることが、運を呼び込む法則の要となるのです。

人間でも会社でも、みんな何かしらいいものをもっているものです。そのいい部分を発見し、とことん伸ばしていくのが、もっとも自然の理にかなった成長法則なのです。

少しもむずかしいことではありません。**「他人と違う自分のいい点を見つけてください。他社と異なる自社の特性を伸ばしてください。得意な分野を強化してください」**というだけのことなのです。

したがって、コンサルタント法においても、私のとる方法はきわめて単純明快です。

「うちの会社のどこをあらためるべきでしょうか」

「いや、そんなことを考える必要はありません。それよりも、どの商品が売れていますか、伸びていますか」

「Aです」

「では、Aの売り場を十パーセントひろげて、在庫を二割多くしましょう」

基本的には、こんなシンプルな長所伸展法を導入するだけで、売り上げが目に見えて伸びていくのです。

ところが、同じコンサルタント業でも、経験の浅い人や「頭のよい」優秀な人ほど、しばしばこの逆をやりたがります。たとえば、わが社でも新入社員をつれて、いろいろなお店や工場を見せて回り、その感想をたずねると、彼らはだいたい短所ばかりをならべるものです。

彼ら新米選手の目にはアラばかりが映るからで、優秀な人間ほど、その傾向が強い。また、その指摘はいちいちもっともなものなのですが、かといって、その指摘からいい結果が得られるかといえば、そんなこともないのです。

これが十年選手になると、短所が目についても、口に出してはいわなくなります。短所是正法が、けっきょく効果的でないことを経験から学ぶからで、短所には目をつぶって、長所を見つけ、伸ばす方法をとります。ここまでくると、コンサルタントも一人前といえます。

さらに、**経験を積んだベテランになると、短所すら目に入らなくなります。** いくら見ても、長所しか目に入ってこない。これは物事の本質を見きわめるうえできわめて大事なポイントです。この本物の鑑識眼が身につくと、人や会社をとても順調に成長させることができるようになるのです。

かつて、女性を美しくすることで有名な人物に、女の人をきれいにするコツをうかがったことがあります。いくつか要点をあげてくれましたが、もっとも重要なのは、目なら目、足なら足など、その人のいちばん美しい部分を探し出して、そこにひたすら磨きをかけることだとおっしゃっていました。

私は女性の美については素人であり、彼は企業コンサルタントについては素人です。その二人が期せずして、長所伸展法で一致したのです。すなわち、彼もまた女性を見たとき、その長所ばかりが目につき、短所は目に入ってこない。だから、女性を美しくできる。この構造はコンサルタント業でもまったく同じです。

あなたも何かのプロになろうとするなら、短所ばかりが見える目を、長所しか見えない目へと成熟させるべく努力を重ねなくてはなりません。

人間の性格における長所と短所の関係は、なかなか含蓄に富んでいて、長所は善だから必要、短所は悪だから不要とはいちがいに決めつけられないところがあります。

二つは単純な対立関係ではなく、コインの表と裏のように、片方を消してしまうと、もう片方も減じてしまう。あるいは、片方が前面に出ると、もう片方がおのずと目立たなくなるといった、相互に補完や依存の関係を見せることもしばしばあるのです。

もう一つ、長所と短所の関係には大きな特徴があります。それは他人から、「ここがきみの短所だ」と指摘され、自分でも「直さなくてはいけない」と思っている、そのマイナス要素。それが果たして、「本当に短所なのか」ということです。

　私を身体的に特徴づけているのはハゲ頭と小太り体型ですが、これは十人に聞けば、十人全員が人よりも不利で劣っている点だと認めるでしょう。じっさい、この「短所」のために、私は二十代のころは、実年齢よりも十五歳は老けて見られたものです。

　そして、その老けて見られること自体も、ビジネスマンとしては損に作用する――と私自身も思い込んでいました。

　でも、思いがけないことに、若い経営コンサルタント時代の私にとって、**このマイナスのはずの身体的特徴がプラスに働いて、他のコンサルタントにはない強力な武器になってくれたのです。**

　というのは、二十代のなかばから、いろいろな会社のしかるべき立場の人が、私のことを「船井先生」ともち上げてくれ、ひとかどの人物として厚遇してくれたからです。むろん、理由はこの外見にあって、みなさんが私のことを相当の年齢で、かなりの経験を積んだベテランと思ってくれたことが大きかったのです。

やがて見かけに年齢が追いついて、むしろ十歳くらい若く見られるようになりましたが、若い時代に老けて見られるという大方の人にとってのマイナス要因が、私には逆に、大きなアドバンテージとして働いたのです。

このように、短所や劣った点だと思われている要素も、環境の変化や時間の経過などにしたがって長所やすぐれた点に変わっていくことがある。またメビウスの輪をたどるように、直さなくてはならない短所だと思っていたことが、やがていつのまにか長所として注目され、自分にプラスに作用することもめずらしくありません。

ですから、むやみに「これが自分の短所だ」「あれが彼の悪いクセだ」などと性急短絡に決めつけて、その是正に乗り出さないほうがいい。少なくとも、短所には手をふれないでおき、そのかわり、長所を伸ばす努力をするのが賢明でしょう。

もし、自分にどうしても気になる短所がある人は、それを直そうとするのではなく、次のような作業をすることをおすすめします。

①その短所をほかの言葉に置き換えてみる。

②その短所から生まれる可能性を考えてみる。

③その短所をどこまでも肯定してみる。

④その短所の裏側に隠れていることを考えてみる。

とくに、マイナス部分をほかの言葉――プラス発想や前向きの表現に置き換えてみる行為は、心の整理や状況打開にも必要とされる、とても大切な方法です。

たとえば、「失敗した」は「まだ成功していないだけだ」。「何もできなかった」は「何かをたしかに学んだ」。「この方法ではダメだった」は「別のやり方がある」といった具合です。

昔、学校の通信簿で、「授業中、よそ見や私語が多く、落ち着きがなくて勉強に集中できていません」などというマイナスの評価をされていた人もいるでしょう。同じことを、私が先生なら、こう書くに違いありません。

「好奇心が旺盛で、つねに外界へのアンテナを張っている。物事に対して積極的に取り組み、周囲とのコミュニケーションもよくとれています」

これは見方の問題で、けっして嘘やまちがいではありません。つまり視点や表現を変えることで、短所だと思われていたことも、「長所の別の姿である」ように見えてくる。自分の短所に対しても、同じことをすればよいのです。

ツキを呼び込む二つの法則

良心法……良心に合うことだけをして、良心に反することはやめる。

親身法……親が子に対するように、すべてに親身に対処する。

この長所伸展法に準じる運気の向上法としては、「**良心法**」と「**親身法**」の二つをあげることができるでしょう。この二つの方法が運やツキを招く要因となりうるのは、むろん、それが天地自然の理《ことわり》に則したやり方であるからです。

「良心法」は文字どおり、良心に合うことだけをして、良心に合わないことはしない――この単純明快な原理にしたがう道を迷いなく歩むこと。それがやがて将来に、運気の大きな扉を開くことに通じていくのです。

企業の世界でも、良心的経営が好業績の原動力となっている例は、私の周辺にかぎっても何百とあります。一例をあげれば、米国のみならず、世界一の規模を誇る小売業のウォルマート。この会社の基本方針はずばり「良心による経営」であり、この揺るぎない方針が多くの顧客や取引先の共感を呼び、好業績につながっていると思われます。

わが国にも、何十年ものあいだ、いっさい値上げをせず、良薬づくりに精を出している製薬会社、不必要な農薬や化学肥料などをいっさい使用しない自然食品会社など、「良心」を経営理念の中核にすえて活動し、そのことによって業績を上げている本物企業が規模の大小を問わず増えてきています。

また、「親身法」は**親が子に対するときの態度のように、親身な気持ちをもってすべてに対処するやり方です。**

たとえば、自慢話はツキを減じるマイナス行為ですが、人は放っておくと自慢をしたがる身勝手な生きものです。だから、コンサルタント業を標榜《ひょうぼう》する以上、人の自慢も喜んで聞けるようにならなくてはいけません。

私はそう考えて努力をしてきた結果、いまでは他人の自慢話をわが身の幸福のように聞ける〝能力〟を身につけることに成功しています。

自慢話を喜んで聞けるのは、その人の親御さんくらいでしょう。だから、**自分が親になったつもりで、つまり親身になって人の自慢を聞いてやればいい。**これが親身法の正体です。親が子に対するような気持ちになって、対人だけでなく、すべてのことに対処していくのです。

そうすれば、相手は自分のことを好きになり、自分のために尽くしてくれるようになる（そうしてなぜか、あまり自慢もしなくなる）。そういうことが積み重なって、自分に運やツキも回ってくるのです。

親が子に対して親身になるのが自然の情であるように、他人に対して親身になること、あるいは良心にしたがうことは、それが天地自然の理に則《のっと》った正しい方法であるがゆえに、運やツキを呼び寄せる強い磁力となりうるのです。

◎

私が運命に関する研究から編み出した「ツキの法則」は、けっきょくのところ、先にご紹介した「鏡の原則」と「愛情の原則」という二大処世原則がもとになっているといえるようです。

つまり、「人からされたことは人にもしたくなる」、あるいは「人もお金も情報も、愛情のあるところに集まってくる」。この二つの原則を土台として、その上にこれまで述べてきた運命の法則やツキの法則はつくられているのです。

「人生を上手に生きていこうと思うなら、まず、この二つの原則を

守れ」。かつて私は、私の父親からそう教わったものです。父亡きあとも、私は長くその教えを受け売りしてきたのですが、これについて悔いはなく、むしろ、いいことをいってきたと思っています。

けっきょく、「ツキの法則」とは天地自然の理にもとづいているものなので、**自然の法則や摂理に沿った言動や行いをする者にツキはおのずとめぐり、それに反する者はツキに見放される。**こういう単純明快な原則が成り立つのです。

「運命はしたがうものを潮に乗せ、さからうものを曳《ひ》いてゆく」という言葉がありますが、運命を自然といいかえても、この警句が正鵠《せいこく》を射ていることに寸分も変わりはありません。

天地自然の理には、素直である、自由である、公平である、生成発展しているなど、さまざまな性質、要素がありますが、すべては「相」にあらわれるという特徴もあります。

すなわち、**天地自然の理にかなうものは、よい相、明るい相、あたたかい相をしており、その理に反するものは悪い相、暗い相、冷たい相をしている。**天地自然の理に沿って、おのずとそうなってしまうのです。

ここでいう「相」とは、言葉でいえば、その内容やひびきのこと。人間でいえば、人相や態度のことだと考えればいいでしょう。

したがって暗く、冷たい、沈んだ、負性の表情や言動に終始していると、それが天地自然の理とは合致しないものだけに、その人の運勢やツキはおのずと低下していく。その運気の低迷がまた暗い言動の因《もと》となり……という悪循環におちいってしまうのです。

逆に、明るく、あたたかい、円満福相の、陽性な言動をいつも心がけていれば、それが天地自然の理に合致して、その人の運気は上昇気流に乗り、すべてがよい方向、正しい方向へと回転していくという好循環のなかに自分の人生を置くことができるのです。

わが国を代表する、ある企業経営者の方とお会いしたとき、その人が次のような含蓄あるお話をしてくれたことがあります。

「経営者にとっていちばん大切な仕事は意思決定ですが、その判断基準を考えるとき、まず、第一段階としてエゴのため、自分や自分の会社を守るためという本能的レベルの基準があります。でも、このレベルで意思決定をすると、会社経営はうまくいかないし、経営者個人も大を為《な》せないようです。

次のレベルは、理性を基準に意思決定する段階です。この理性は人間の思考、感情のうちでは上位レベルにあるものですが、そこにはやはり限界があるし、理性レベルは人によっても異なっているので、判断基準としてはもう一つもの足りなく、そこから得られる結果も成否いろいろです。

けっきょく、経営者の意思決定は『大きな原理、原則』にしたがって行うのが、もっとも適切であり、よい結果も生むようです。だとすると、その最高基準である原理、原則を知ることが経営者にとって非常に大切になりますが、私の場合、それは『人間として正しいことをする』ことにつきます。

人間も自然の一部ですから、その人間の一人である自分の心からエゴや邪念、雑念を取りさった裸の心に素直に問うて、正しいと思われることをし、正しくないと思うことはしない。その判断はそのまま天地自然の理を明快に反映したものですから、迷いもなければ過ちもなく、正しいままによい結果へと通じるのです」

会うたびに、私の心にしみる話をしてくれる方ですが、この言葉はとりわけ印象深いもので、経営判断の基準をどこにおくかという経営論である以上に、人間の「生き方」の原理原則を説いた、傾聴に値する話であると感じ入りました。

むろん、その生き方の原理原則の最上位のものは、われわれ人間の理性や悟性そのものからではなく、それらのもとになる天地自然の理から生み出されるものといえます。

ツイている人の特性

1. プラス発想型人間
2. 素直肯定人間
3. 勉強好き・挑戦好き・やる気人間
4. 謙虚な笑顔人間
5. 長所伸長型人間
6. 自助型人間
7. 辛抱・執念型人間
8. 着実・バランス安定人間
9. 強気・負けん気・思いやり人間
10. 秩序維持型自由人間

生き方の自由はだれにも与えられていますから、「どうせこの世はなるようにしかならない」——そんなふうに無気力な運命論者のごとく生きることも可能です。

しかし、運命とは自ら「命」を運ぶこと。やはり本来、それは自力で切り拓くものであり、また、運命とは私たちの性格や思考や生き方のうちに生じるものでもある。つまるところ、**私たち一人ひとりの人間性、人となりが運命をつくっていくことになるのです。**

では、どのように人間を磨き、心を養えば、運をつかみ、ツキを呼び込むことができるのか。

長いあいだ、経営コンサルタントとして多くの経営者を見てきた経験から、運がよく、ツキのある人の人間的特性を客観的に分析してみると、次の十か条にまとめられるように思います。

1. 物事をよいほうに考え、よいこと、あるいはよくなることを想像し、発想でき、絶えず「自分はツイている」と思える「**プラス発想型人間**」。

2. どんなことでも素直に受け入れられ、過去の経験や知識だけで物事を決めつけたり、否定したりしない「**素直肯定人間**」。

3. 新しい未知の分野に挑戦し、それを知ることが好きな「**勉強好き・挑戦好き・やる気人間**」。

4. 謙虚で、だれに対してもいばらず、差別意識のない、いつも笑顔の「**謙虚な笑顔人間**」。

5. 他人の短所に目がいかないかわりに、長所がすぐ目に入り、しかも他人や自分の長所を伸ばすことに全力を尽くす「**長所伸長型人間**」。

6. 他人にまかせるべきことはまかせるが、責任は自分で負い、自己犠牲的で、他をあてにせず、自助をたてまえとする「**自助型**

人間」。

7. 耐えることを苦にせず、喜んで苦労し、しかも目標を定めたら、達成するまでくじけず、執念をもって事に当たる「**辛抱・執念型人間**」。

8. つねにマクロな、バランスある判断ができ、感情が安定して自己抑制心が強く、着実な実行力に秀でた「**着実・バランス安定人間**」。

9. 二十代までは強気で生き、三十代から四十代前半にかけては強気に負けん気をミックスして生き、四十代後半以降は、強気、負けん気に、思いやりも加わって生きる「**強気・負けん気・思いやり人間**」。

10. 統制や管理が大嫌いで自由を愛するが、約束したことや秩序維持のために必要だと判断されることは必ず守る、高教養型の「**秩**

序維持型自由人間」。

ツイている人、運のいい人というのは、おおむね以上のような人間的特性を有しているものです。しかも、それらの特性を自ら心を養い、人間を磨く自助努力によって主体的に身にそなえた人ですから、彼らはどんな場合でも、自分の運命を自分の手で強く切り拓いていける力をもった人であるといえます。

ちなみに、ツキのない人、運にめぐまれない人、運命を切り拓く力の薄弱な人はこの逆を考えればいい。すなわち、「マイナス発想型人間」「否定・批判型人間」「保守・怠け型人間」「傲慢・不遜型人間」「短所是正型人間」「他人依存型人間」「あきらめ型人間」「情緒不安定・短慮型人間」「弱気・逃避型人間」「保護・制約期待型人間」などです。

感謝の心が、ツキを呼び込む。

運やツキを味方につける人間の「思い」のなかで、とくに重要なポイントとなるのは、「感謝の心」があるかないかという点でしょう。

私がいろいろな人にすすめていることの一つに、「**一日に二十回以上、ありがとうございますといいましょう**」というものがあります。というのは、感謝の足りない人にツキがめぐってくることはまずありえないからです。

とくに、戦後豊かな時代に生まれた人は、暖衣飽食に慣れているせいか、「ありがとう」と感謝する機会がどうも少ないような気がしてなりません。

その点、私のような戦前生まれの世代は、ありがとうという言葉や感謝の心のあるなしは、そのまま死活問題につながるようなところがありました。

たとえば、当時は貧しい時代でしたから、「ありがとう」と感謝の思いを積極的に表明する子どもは食べ物をもらえたが、そうでない子どもは放っておかれる。そんなきびしい現実があったのです。だからよくも悪くも、感謝するクセづけが半強制的に植えつけられていきました。

反対に、いまの豊かな時代は、感謝の思いがなくても食べるには困らないし、十分生きていける。だから、「ありがとう」の心も育ちにくいのです。

しかし、**感謝の心がないところに運はやってこないし、ツキも長くはとどまらないものです。**人は一人で生きている存在ではないからです。

ご飯が食べられる幸せ、健康である幸せ、この世に生きている幸せ……感謝の種はどこにでも、いくらでもあります。そして、あらゆることに「ありがとう」と感謝することが、幸運や幸福の種を蒔《ま》くことにもなる。

とりわけ、「ありがとう」という感謝の言葉を明るく大きな声で表明することは運や福を呼び込むためのきわめて大切な行為です。その感謝の言葉のあるなしが、ツキを呼ぶ、ツキを遠ざけることに関連する重要な触媒となるからです。

ある地方の鉄道会社では、朝の通勤時間帯に「おはようございます。いつもご利用いただきありがとうございます」というあいさつを、明るくはきはきと、しかも笑顔で発することを駅員に徹底した結果、ただそれだけで会社の業績がいちじるしく向上したといいます。

言葉はたしかに、そういう力を有しています。**発した言葉の「相」にふさわしい結果を招く。そんな力を言葉は潜在させている**

のです。

したがって、感謝や肯定、喜びや楽しみなどのプラスの明るい相をもった言葉を発していれば、ポジティブなよい結果が、人の悪口非難、妬みや呪いなど、後ろ向きでマイナスの暗い相をもった言葉ばかり呟《つぶや》いていれば、やはりそのとおりの、ネガティブな悪い結果が、それぞれもたらされることになるようです。

幸運と不運を分ける分水嶺のポイントに言葉がある――そういってもけっして過言ではありません。

そのなかでも、「ありがとう」はとくに美しい、すぐれた日本語といえます。感謝と肯定、受容と愛情に満ち、きわめてよいエネルギーとプラスの波動をもつ言葉。すなわち、運とツキを招く幸せの言葉なのです。

第3章

「経営」の法則

経営の基本とは、

1.原理原則に則《のっと》ること。

2.時流適応。

経営とは企業という組織体の存続と発展を図ることですが、そのためには、**①原理原則に則る、②時流適応**——の二つの基本原則を守ることがきわめて大切になってきます。

会社というのは、しかるべき原理原則を守っていれば、めったにつぶれるものではありません。つぶれる会社のほとんどは、本業以外の金儲《もう》けに血道をあげたり、トップが現場に出ることをおろそかにしたり、いずれにせよ、経営の原理原則に外れたことをしているのです。

そして、この原理原則を守って会社を運営しているうちに、何らかのきっかけで時代の流れ、すなわち時流にうまくマッチして、いっきに業績を伸ばしていく。これが企業が成長するときの一般的なプロセスです。

この時流適応とは、かんたんにいえば、「**お客さまのニーズに限**

りなく対応する」ことです。つまり、いま要望や需要の多いもの、あるいはこれから要望や需要が増していくものを確実にとらえることができれば、その会社は時流に乗って伸びていく。

そのためには、過去の成功体験、それへのこだわりやプライドなどをいったん脇に置いて、客観的な視点でマーケットの変化を読み取り、正しい需要予測を行う必要があります。

ちなみに、時流に乗った会社は多少経営の原理原則から外れていても、勢いで伸びていけるものですが、時流から外れたとたん、原理原則という基本が守られていないだけに、業績の低下も急激なものとなります。したがって、**つねに原理原則を順守したうえで時流をつかむ努力をする**。これが経営の正攻法といえます。

組織は、トップ一人で九十九パーセント決まる。

企業経営というのは人財がすべてです。会社組織といえども、人が集まり、人が知恵を絞り、人が汗を流しながら営まれる、人間の人間による「共同体」にほかなりません。

したがって、その共同体が隆盛するのも、衰亡するのも、すべては「人しだい」。まして、その人財の群れの中核に存在し、その頂点に位置する**トップの器量、力量しだいで、その会社の命運は九十九パーセント決まる。**そういっても、けっして過言ではありません。

どのような組織体であれ、また、その組織体がどのような状況にあれ、トップに有能な人間を得れば、その組織体は発展の道をたしかな足取りで進むでしょう。逆に、もし無能な人間をトップにすえれば、その組織体は衰退の道をたどることになるでしょう。

そのように組織の盛衰はひとえにトップの能力にゆだねられており、上に立つ者の器を超えて、会社が大きく成長発展していくことはないのです。

　ある会社の業績が急激によくなったり、悪くなったりすると、その理由をマスコミや評論家は大急ぎであれこれ分析しますが、たいていはトップの行動や思考、その変化などに原因が求められることがほとんどです。

　指導者の交代を機に低迷していた組織が息を吹き返した、社長の人間的な成長とともに会社の業績が見違えるように回復したといった例は、企業社会においてはじつは日常茶飯のことなのです。

　では、会社のトップ、組織のリーダーに要求される資質や能力とはどんなものか。

　いろいろ条件はあるでしょうが、まず、第一にあげられるのは、**トップは「支配者」でなく、「指導者」たれという点です。**この指導者とは、自分よりも従業員のことを優先して配慮し、意思決定を行ったり、物事に対応したりする人のことをいいます。

たとえば、社長室に閉じこもらず、積極的に現場を回り、従業員たちに「ご苦労さん、いつも仕事をがんばってくれてありがとう」「何か改善点や困ったことがあったら、いつでもいってくれ」などと声をかけながら、現場の空気や課題をチェックするとともに、そこで働く人たちの意欲ややる気を前向きに鼓舞する。

そんなふうに社員と同じ目線に立ち、愛情をもって組織を牽引していけるリーダーです。

また、トップというのは、**組織体の将来像を明確に描けていなくてはなりません。**

この会社は「五年後にはこうなる」「十年後にはこうしたい」といった将来構想をきちんと描き、また、それが社員にもちゃんと伝わっている。こういうリーダーに率いられる組織は非常にまとまりがあって強いものです。

以前、ある会社の社長さんから、「うちの会社は辞めていく人間が多いんです。それも、これはと目をかけ、期待した人間ほどさっさと辞めていく。どうしたものでしょう」と相談されたことがありますが、これは当たりまえといえば当たりまえで、できる人間ほど先のことを考え、将来の展望を明確にもちたがるのです。

その会社の将来展望があいまいにしか描けていなかったら、当然、社員たち一人ひとりの人生目標やキャリア形成の見通しも立たない。そんな会社には、優秀な人財ほど長居しない——というわけです。

そのほかにも、**謙虚で勉強好き。明るく、周囲から好かれる人柄。自分の幸せや生活の安定よりも、周囲の人の幸福や将来を考えられる度量の大きさ。旺盛な事業欲を所有欲や権力欲といったエゴ（我**

欲）の方向へ向けるのではなく、従業員の幸せや社会貢献など利他（公欲）の方向へコントロールできる……そうした資質、能力が組織の指導者には求められるのです。

◎

組織の盛衰は指導者の能力しだい、企業経営の成否もトップの度量しだい。この考えようによっては恐ろしい経営の法則を、私は多くコンサルタントの現場から学んできました。

たとえば、おつきあいのある企業のトップの方針や短所が気になって、それを是正するようなアドバイスをしたとき。あるいは、トップの意向に反するようなコンサルティングをしたとき。こうした場合は、必ずといっていいほど失敗に終わるのです。

ずっと以前、ある消費財メーカーに対して、小売業界での主導権確立のために直営の小売店をいくつかつくり、それをモデル店としてフランチャイズ展開するようアドバイスしたことがあります。

しかし、そこのトップは、長年世話になった代理店や小売店に申しわけないからという理由で、その案に反対されたのです。ただし他の経営陣は賛成だったため、社長の意向にそぐわないかたちでプランは実行に移されました。

小売りのノウハウに乏しいメーカーですから、最初のうち赤字が出るのは想定内のことです。しかし、そうとわかっていながら、自分の意に反して行われたこともあって、トップの口からは「それ見たことか」といったニュアンスの叱責や追及の言葉が出ます。そのせいもあって、けっきょく、このケースは失敗に終わってしまったのです。

この件で、私が「こわい」とも「むずかしい」とも思わされたのは、**アドバイスの内容がまちがっていたから失敗したのではない**という点でした。この場合、失敗はコンサルタントのアドバイスの是非とは関係なく起こったのです。

では、何が失敗を引き起こしたのか。**トップの意向に反したこと、それ自体に失敗の大きな要因があったのです。**会社のトップである社長が心の底から納得して、その気になってくれるアドバイス内容であるかどうか。それが成否の最大のカギを握っているのです。

トップの意に反することは成功しない——これは恐ろしい事実ですが、また、天地自然の理《ことわり》に則した法則でもあります。

どれほどレベルの低いリーダーであっても、その意志に反した行いは、生きものである組織体にとってよい作用をもたらさない。これはすべてのリーダーが心にとどめおくべき厳粛な事実であるように思えます。

それだけにリーダーの責任は重大です。上に立つ者の意志、能力、器量などによって、あらゆる集団——会社や社会、国や地球まで——の興廃が決定されてしまうのですから。

経営者にかぎらず、すべてのリーダーは自分自身の欲望や利益ではなく、自分が率いる集団の利益、あるいは他人や社会の利益などの「公益」の実現に力を尽くせる人間でなくてはならないのです。


経営コンサルタントというのは、お会いした人が経営者としてすぐれた人であるかそうでないかを、一瞬にして見抜かなければ商売になりません。

私自身も、相手をひと目見て、その人となりを見抜ける自信はあるつもりですが、その重要な基準の一つが、「**公欲が大きく、我欲が小さい**」人かどうかという点なのです。

つまり、利己よりも利他を優先する精神、おのれを空《むな》しくして公《おおやけ》に尽くす心がまえ。それがリーダーのうちにあるか否かが、組織の繁栄や会社の業績を大きく左右する根本的要因となるのです。

栄枯盛衰が世のならいとはいえ、かつてはカリスマ経営者などともてはやされながら、不祥事の発覚などで、その地位を失い、社会の表舞台から姿を消してしまった人は少なくありません。

おそらく、みなさん経営者としては優秀であり、なかには人間的にも評価や尊敬に値する人もいたに違いありません。人の上に立つリーダーたる資格を十分にもちあわせていながら、なぜ、道をあやまってしまったのか。その理由を探ってみると、つまるところ「我欲」につきあたることが多いのです。

つまり、自分だけが儲かればいい、自分の会社にだけ多くの利益がもたらされればいい。そんなエゴや利己心にとらわれて、利益第一主義に固執したために人を見る目がくもったり、時代の流れを読み違えたりして、けっきょく、経営の舵《かじ》を切り損ねてしまった――。

企業経営における「失敗の本質」を探ってみると、そのようにトップである経営者が自分の我欲をコントロールできなくなったことに起因するケースがきわめて多いのです。

反対に、経営者がみずからの我欲を離れ、世のため、人のためという公欲にもとづいた経営をしている企業は、その多くが着実に利益をあげ、順調に発展の道をたどっているようです。

利益だけを追求する経営法から見れば、迂遠《うえん》なやり方ともいえますが、まず消費者や取引先などの「他を利す」ことによって、しかるのち自分たちも得を得よう。そんな利他優先の精神が経営理念の基軸となって、堅調で持続的な業績向上を可能にしているわけです。

すなわち、**自分のためでなく、世のため、人のために「正しいこと」を地道に実践していれば、けっきょく経営もうまくいく**。なぜなら、それが天地自然の理に則った行いであるからです。

とりわけ企業の命運を九十九パーセント握っているトップは、この我欲を離れ、公欲に則する生き方をつねに心がけなくてはなりません。

彼がわずかでも経営に我執をにじませれば、それはたちまち会社の行く末をあやうくし、社員を路頭に迷わせる〝悲劇〟の第一歩となりかねないのです。

企業の業績を上げるには、
1．時流に乗るか、
2．一番になる（一番のものをもつ）。

経営の「大原則」としてあげられるのは、「**企業体は時流に乗るか一番になったときに業績を上げられる**」ということです。

時流に適応すれば、一番ではなくても、それだけで十分に業績を伸ばすことができますし、一番になれば、時流に合っていないものでもおおむね業績は伸長していきます。

むろん時流にも適応し、なおかつ一番になることがベストであるのはいうまでもありません。

時流に適応するとは、その時点での大衆のニーズに合うこと。つまり需要が多いもの、あるいは需要が増えつつあるものにコミットすることです。

その需要増はやがて需要の過剰を呼びますが、需要過剰とはすなわち供給不足を意味しますから、そういう状態のときはよほどのことがないかぎり、商品はよく売れるし、会社も利益があがるものなのです。

時流適応は「流行をつかむ」ともいいかえられますが、この流行の把握というのはじつはなかなかむずかしいことです。

なぜなら、「いま、これが流行している」と多くの人が認めるものに飛びついても、それはもう「手遅れ」であることがほとんどだからです。多くの人がある流行を意識したときには、その流行はそのときが最盛期か、もうピークを過ぎているものです。

そういうものの後追いをしても、それが商品なら、たくさんの流行遅れの売れない在庫を抱えてしまうのが関の山でしょう。

したがって、時流に適応するためには、流行の背中を追うのではなく、流行の先取りをしなくてはなりません。そのためにはミクロの目（狭い視野）で目先の流行《はや》りものを表面的に追いかけていてはダメです。**マクロの目（広い視野）をもって、全体を俯瞰《ふかん》しながら**

時代の大きな流れやうねり、その動向を骨太に見きわめる必要があります。

物事を「点」で見る虫の目よりも、物事を「面」で見る鳥の目が大切になってくるのです。そうして時流を見きわめれば、需要の多いもの、需要が増えつつあるものを、他人よりも早く見出すことが可能になるでしょう。

ただし、やがてその需要もピークを迎えます。すると、その後は需要が落ちて、こんどは供給過剰になる。それと並行して、時流適応状態のものも、時流不適応のものへと変化していく。栄えたものが必ず衰えるのは流行りものの宿命なのです。

しかし、**そうして時流不適応の状態を余儀なくされたときでも、なおかつ生き残る力をもっているもの。それがやはり「一番」のものなのです。**一番の能力、人気、魅力、機能をもった商品はお客さまを引きつけ、固定化する能力に富んでいるからです。

つまり、一番商品をもつこと、または商圏内で一番店になること。それが利益を生むための最大のポイントであり、顧客志向のもっとも重要な決め手となるのです。

◎

私たちが恒常的に成長していくためには、常に時流に適応したものを探し、つくり続けること。それに加えて、時流不適応の状態を迎えたときにも生き残れるよう、**それを「一番」に育て上げる努力をおこたらないことが大切です。**

お客さまは「一番商品」に、あるいは一番商品をもつ店に引きつけられやすい傾向を強くもっていて、これはほとんど不動の法則といえます。したがって、マーケティングの基本原理も、その点にすえればいい。

一番商品が一つでもあれば、それが魅力的なセールスポイントとなって集客力の中枢をなしてくれる。逆に、二番以下の商品をいくら豊富にそろえても、現代のような競争の激しい時代には、経営成果はほとんど出てこないと考えたほうがいいでしょう。

とくに、不特定な客層を主対象とする店頭販売だけの企業型経営の店舗は、商圏内で総合一番店になるか、品目別で一番品ぞろえのよい商品をもっていないと採算が合わない時代になっています。

ちなみに、**ここでいう一番商品とは、「オンリーワン商品」のこと、「本物商品」のことだと考えてもらえばいいでしょう。**

オンリーワン商品とは、他者が真似《まね》できない品質や利点をもち、大きな需要が見込める独自の商品、サービスやノウハウをさします。

ちょっと刺激的な表現をすれば、「いつでも値上げできる（値上げしてもお客さまがついてきてくれる）商品」といってもいい。こういう本物商品や本物サービスを有する会社や店は、周囲の変化やライバルの動向にかかわらず絶対的な強さをもつことが可能になるのです。

したがって、業績を向上させるためには、できるだけ早く一番商品をつくり、それを武器にビジネスをひろげていく工夫をすることが大切です。

「うちは小さい店だから、一番商品なんかもてない」。そう悲観する人もいますが、それは早計というもの。そういうケースでも、商圏を狭めたり、客層を絞り込んだり、商品を分割したりしながら、単品レベルで一番商品を育てることから始めればいいのです。

たとえば、自分たちの得意な分野、伸びている分野、自信のある分野、効率のよい分野。そういうジャンルをもう一度、よく検討してみれば、そのなかから一番になる可能性をもった商品が必ず一つは見つかるはずです。

「包み込みの法則」と、
弱者でも勝てる
「局地における一番主義」。

この「一番商品」をもつことは、プロローグで触れた「包み込みの法則」と深く関わっています。包み込みの法則について、ここでまた復習しておきましょう。

それぞれ独自の品ぞろえをしていて、およそ同じ程度の力をもっているA、B、Cという小売店がある商圏で、あらたにDという店を出して勝つにはどうしたらよいか。

A、B、Cそれぞれの店がもつ商品をすべてそろえ、さらにそれらの店にはない商品まで扱うこと。それによって、Dはその商圏で圧倒的に勝利することができます。

商品という要素から考えた場合、もっとも顧客志向の強い店とはすなわち、もっとも品ぞろえの充実した店であり、それを可能にする点において、やはり売り場面積がもっとも広い地域一番店がおのずと有利になるからです。

したがって、包み込み理論というのは、商圏内における一番店だけがとれる手法ともいえます。いちばん広い面積に、いちばん豊富な品ぞろえをすれば、それよりも力の劣る他店は、その一番店にまるで囲い込まれるように無力化してしまうのです。

いいかえれば、包み込み理論は資本や規模にめぐまれた、もっとも強い者が戦わずして勝つ「強者の理論」といえます。

では、包み込み理論は、強者にのみ通用して、弱者には応用不可能な方法なのかといえば、そんなことはありません。すでに述べたとおり、全体から見れば弱者であっても、部分的に強者になることは可能だからです。

どんな小さなものでもいいから、何か一つライバルを凌駕《りょうが》できるオンリーワンの商品をつくり出し、その一番商品において他の追随を許さない絶対的な強さをもつ。そして、その部分、その一点で完

全に相手のそれを包み込む（上回る）戦法をとればいいのです。

これは自分より強く大きな相手と戦うときに、相手の弱い部分に、自分たちのもてるすべての力を集中することによって「局地戦に勝利する」という、「弱者の理論」をビジネスに応用した方法でもあるのです。

「弱者」である小さな店が一番商品をもち、局地における一番店となるために重要なのは、「絞り込み」でしょう。

現代における商品の数や種類は昔とはくらべものにならないほど豊富で、スーパーなら数万点、コンビニでも数千点のアイテムがそろっているといわれます。

したがって、全体の品ぞろえの規模では大店舗にとうていかなわないにしても、品目を一つひとつ絞り込んで、細かくチェックしていけば、どんな店でも、その地域で一番になれる商品が見つけ出せるはずです。

そういう商品は、他店が力を入れていないものであることが多く、したがって需要も小さい商品であるかもしれません。しかし、その小さな商品から始めて、その一点では絶対に他店に負けないこと、しかも圧倒的に勝つことが大事です。

圧倒的に勝つことで実績を積み上げていけば、それが力にもなり、自信にもなっていきます。そこから、一番商品を一つから二つ、二つから三つと増やしていくのです。

その場合、最初の一番商品と関連性の高い分野から第二、第三の一番候補を見つけ出していくのがいいでしょう。関連性があれば、当然、顧客にもなじみや関連性が生じ、それがお客さまの固定化にも通じていくからです。

そして、この戦略は商品だけでなく、店づくりにも同様に当てはまります。たとえば百貨店の商法において、もっとも安全で、もっとも利益の出る方法は、地域で一番店をつくることですが、この点に早くから気づいていた、あるデパートの経営者がいます。

そのデパートは東京、大阪、神戸で三つの店舗を展開していましたが、どの店も競争相手にくらべて店舗面積が小さく、それがために思うように業績が上がりませんでした。そこで、その経営者は大都会を離れて、千葉県に新しく出店したのです。

これが大当たりして、びっくりするほどの好成績をあげ、あっという間に地域一番店の地位を確保しました。そしてその後、彼は地方都市を中心に着々と一番店づくりを実行し、店舗数を増やし、商圏をひろげていったのです。

このように、**まず一つの分野で一番になり、その一点で圧倒的に勝ち、その一点での勝利をだんだんと増やし、ひろげていく。**こうした弱者の戦法は、私たちの仕事や人生にもきっと応用できるはずです。

私が、地域一番主義という経営手法を考え出したのには、一つの大きなきっかけがありました。

それまでの私は、いわば競争に勝つことだけをマーケティングの主軸にすえて、いつも、どうやって相手に勝ってやろうか、顧問先の会社がライバル会社をたたきのめす策にはどんなものがあるだろうかと、そんなことばかりを考えている人間でした。

売られたケンカは必ず買い、その競争にも絶対負けまいとすることから、「ケンカの舩井」なる異名を頂戴していたほどです。じっさい、ケンカも競争も上手で、また強かったと思います。

家内などは、「あなたのように、ケンカを売られるとかえっていきいきしてくるような人とどうして結婚したのかしら」としょっちゅうボヤきながら、私の攻撃的な性格を憂えていたものです。

それがあるとき、顔色《がんしょく》を失う出来事に遭遇しました。九州のある地域で講演を行ったとき、泣きながら壇上に駆け上がってきた一人の男性がいました。彼が怒りと興奮に満ちた表情で詰め寄ってきたので、私は懸命になだめて控え室に案内し、やっと落ち着きを取り戻したころ事情を聞いてみたのです。

彼は衣料品店のご主人で、親戚の人たちといっしょに、九州の各地で専門店を経営されていました。だが、私がコンサルティングをしたチェーン量販店の進出によって、それらの店がすべて赤字に転

落し、とうとう倒産の憂き目にあってしまったというのです。その怒りと憎しみのあまり、

「あなたを刺して、自分も死のうと思っていた」

彼はそうつぶやいて、カバンの中を私に見せてくれました。そこには一本の包丁がしのばせてありました。

最後には彼も、「あなたが悪いやつじゃないことは、よくわかった」と納得して帰っていきましたが、この事件は現実に包丁を突きつけられた以上のショックを私に与えました。

顧問先のためを思ってやったことが、一人の人間に殺意を抱かせるほどの深い恨みを残してしまった——その自分の罪の大きさを思い知らされたのです。私は、ケンカや競争をやめようと心に決めました。

すなわち競争や弱肉強食の論理ではなく、**ライバル企業までふく**

めた周囲のすべての企業が共存し、ともに繁栄できるような方法はないだろうか。そう考えて編み出したマーケティング手法が、「長所伸展法」であり「包み込み理論」であり、また「地域一番主義」だったのです。

つまり、資本や規模は小さくとも、何か一つの商品や店舗で一番のものをもち、それを武器にして生き残っていく方法です。一番商品や地域一番店をわがものにすれば、弱者であっても競争につぶされることなく存在していけるからです。

それ以降、私のコンサルタントの手法は大きく様変わりしました。たとえば、同業者がどんなコンサルティングをしているのかまったく気にならなくなりました。ライバルが何をしていようが、自分が「正しい道」を行けばいいのだと思えるようになったのです。

社員教育の方針も百八十度変わりました。「もし競争をするのなら、負けた人も幸せになる競争をしろ」と社員にいい、「競争ではなく共生がわれわれの目標だ」ともいうようになりました。

おかげで、それまで競争に勝つために船井総研にこられていた顧客はその後ほとんど顔を見せなくなりましたが、そのかわり、競争以上に共生の大切さをよく理解してくれる顧客が増えていきました。

船井総研の事業がさらに大きく伸長し、また、安定していったのも、それを境にしてのことでした。

即時にツキを呼び込む方法

圧縮付加法……人・物・金を圧縮せず、容《い》れ物（スペース）だけを圧縮する。　空いたスペースに新しい商品を付加する。

長年のコンサルタントビジネスから、私が確立した船井流の経営法則——会社の業績を高めるための具体的な手法にはいくつかありますが、「**圧縮付加法**」はそのうちでも、非常にシンプルな理論と方法によって際立った効果の望める、すぐれた基本ノウハウであると自負しています。

これは、業績が低迷している小売店の場合などに適用する方法で、一般には、会社が不景気のときには、社員や店舗の数を減らす（圧縮する）ことなどで対応するのがつねです。

しかし、この「圧縮付加法」では、同じ圧縮でも、経営の三資源である「人・物・金」は圧縮せず、**まず「容れ物」だけを圧縮するのです。**

つまり、人も減らさない、商品の品ぞろえも変えない。そのかわりに、売り場のスペースをぐっと小さくして、商品をその狭くなった空間に押し込むのです。

たとえば、百坪の売り場で、年間二億円くらいの売り上げが見込める店で、じっさいには一億円以下の売り上げしかないような場合、売り場面積を半分の五十坪に圧縮して、そこに店頭在庫を集中させてしまう。

すると、単位面積当たりの商品や販売員の「密度」がぐっと高まります。**小売店においては、この商品密度というものがきわめて大事で、それが高まることで商品や店舗に質量ともに豊富な感じやぜいたく感が演出できる。**それがお客さまを引きつける吸引力や集客力の源泉となるのです。

この圧縮によって、私の経験からいえば、前のようなケースでだいたい売り上げが三割くらい伸びるはずです。圧縮法とはつまり、広さよりも密度に重点を置く方法です。

こうして圧縮したら、次は「付加」法の実践です。つまり、圧縮したことで生じた「余った場所」をそのまま遊ばせておかず、有効活用するのです。

たとえば、圧縮法によって売り上げが伸び、経営が安定してきたら、新しい商品を仕入れたり売れ筋の品目数を増やしたりして、それを空いたスペースに付加していく。こうすることで、それまでの商品と相乗効果も生まれ、売り上げの向上にいっそう拍車がかかっていくことが多いのです。

あるいは、空いたスペースをテナントに出して、家賃をとるという付加法もあります。同様のケースで、二階分あった売り場を一階に集めて、空いた二階を商店街の事務所に無料で貸し出したという例もあります。

この場合、商店街の人からおおいに感謝されたうえ、彼らの多くが常連客になってくれたので、売り上げがいっそう堅実に見込めるようになったのです。

このように、圧縮付加法は成功の確率のきわめて高い手法で、私の知るかぎり、ほとんど失敗知らずのノウハウといえます。

◎

また、この圧縮付加法は長所伸展法と組み合わせることで「人財づくり」にも応用できるマルチな手法でもあります。

たとえば、ある人が仕事がうまくいかなかったり、業績が上がらなかったりして、自分の能力に自信を失っているケースがあるとします。

こういうときはまず、彼に当面の仕事や課題に懸命に取り組んでもらいます。むろん、好き嫌いで仕事を選ぶことなどなく、なんでも受け入れ、また自分からすすんで仕事を求める。それくらいの熱心さで仕事に打ち込んでもらいます。

このとき、一**か月かかる仕事なら半月で、一日かかる仕事なら半日で、一時間かかる仕事なら三十分でというように、それぞれの仕事を「圧縮」してこなすようにさせるのです。**

もちろん、二倍に圧縮して仕事をすればその所要時間は半分に、三倍に圧縮して仕事をすれば三分の一になります。圧縮して取り組んだぶんだけ、早く目的を達成することができる。それが失っていた自信の回復につながっていくのです。

加えて、このように濃い密度で仕事に取り組んでいると、**ふつうに仕事をこなすよりも短い時間で、自分の得意なこと、好きなこと、やりたいことが見えてくるものです。**

そこで、それが本人に見えてきたら、長所伸展法によって自覚できた彼の長所について、あらためて自信をもたせ、その部分を重点的に伸ばしていくようにする。また、その長所をさらに早く伸ばしたいときには、再度、圧縮して仕事に取り組むようにする。

そうやって圧縮付加法と長所伸展法の二つを組み合わせれば、失っていた自信を完全に取り戻し、ふたたび成長の軌道に乗っていけるはずです。会社経営においても人財育成においても、目的をいち早く達成するには、「圧縮」という方法がきわめて有効なのです。

経営も仕事も、「万能化」させるほうが効果的。

また、「万能化」というのも重要なキーワードです。たとえば私は、仕事というのは「**一人の人にできるだけ何でもやらせたほうがうまくいく**」という持論をもっています。

私自身もいっとき参加していたある実験があります。自動車メーカーのボルボが行ったもので、ある一つの工場で、一人の人ができるだけ多くの作業を受け持つようにした場合と、生産過程のなかのある一つの工程しか担当させない場合では、どちらが効率的で、かつ、いい結果を生むかという実験です。

その結果、前者の一人の人にできるだけ多くの作業をさせたほうが、すぐれた質の製品を効率的に生み出せることがわかったのです。

ご存じのように、ボルボはスウェーデンを本拠とする自動車メーカーで、その理念や社風には職人的なものがあり、できるだけ一人の人が多くの工程にかかわるという製造法をとっている会社です。

その一見非効率的な手法が、米国のフォード社のような流れ作業の効率性を最優先するやり方よりも効果が高いことが証明されたのです。

その理由には、仕事にたずさわる人のやりがいや責任感の問題がかかわっているのでしょうが、いずれにせよ、**一人の人ができるだけ多様な仕事をしたほうが効率も成果も上がる**。つまり、一本化するより「万能化」したほうが、仕事も経営も効率的なのです。

トップの仕事も同じで、経営の仕事は基本的に経営者が一人でこなしたほうがいい。それが現実的に不可能なら、全責任は自分で負いながらも、他人にまかせられる仕事の実務は他人に権限委譲する。そうしたメリハリをつけた手法が大事になってきます。

この万能化が有効なのも、それが天地自然の理にかなうものであるからです。自然には必然、必要なものしかなく、それらすべてが完全で完結した存在です。

つまり、自然にある存在物はすべて必要最小限でありながら、そのそれぞれが万能性をも有している。この理にしたがって、経営においても、できるだけ万能化を図ることによって企業は成長、発展を遂げることができるのです。

時代の変革期には、「謙虚さ」が必要。

現在、資本主義は大きな変革期を迎えています。私たちの経済活動の根底をなす原理も、従来の競争を主体とした弱肉強食の原理から、共生を主軸とする共存共栄の原理へと、ゆるやかながら移行していくものと思われます。

私はそれを、「**エゴ（我欲、競争、対立）から、エヴァ（愛、調和、互恵）へ**」と表現しています。

つまり、競争より共生、対立より調和、分割より融合、独占より共有、浪費より節約、破壊より蘇生《そせい》。そんなふうに、さまざまな価値観の変化がきたるべき新しい時代に向けて起こっていくはずなのです。

その新時代においては、「謙虚さ」というのも、あらためて注目すべきキーワードとして再評価されてくるかもしれません。

共生と調和のエヴァの時代には、利益を追求する企業活動においても、**「欲張らない」「いばらない」「むさぼらない」「奢《おご》らない」といった謙虚な姿勢が必要となってくるからです。**

ただ、この謙虚さを、私たち人間はつい見失いがちであるのも事実です。少しでも物事がうまく運んだり、成功したり、人からほめられたりすると、人間というのはつい謙虚さを忘れ、天狗《てんぐ》になって不遜高慢な心を招いてしまう生きものです。

したがって、謙虚さの敵としてもっとも警戒しなくてはならないのは、みずからの成功体験といえるかもしれません。謙虚さを失うことによって、人は成功したのと同じ理由で失敗を招く――。

たとえば、その例を歴史に求めるなら、さしずめ武田勝頼《かつより》などはその好例といえるかもしれません。

戦国時代、最強を誇ったのが武田信玄率いる武田騎馬軍団ですが、その信玄の跡を継いで、武田家の主領となったのが勝頼です。彼もまた非常に優秀な武将でしたが、有名な長篠《ながしの》の合戦において、織田信長の鉄砲隊のまえに一敗地にまみれることになります。

このとき、信長は武田騎馬隊の襲来を防ぐために柵を築き、さらに柵の内側に――おそらく世界史上はじめて――三千丁という鉄砲を千丁ずつ三列にならべました。とはいっても、当時の火縄銃は連弾がきかず、弾を込めるまでに時間がかかります。

信長のこのたくみな戦法をまえにして、賢明な勝頼は突撃すべきか否か迷ったはずです。しかしけっきょく、全速力で接近すれば、弾込めの余裕をさほど与えることなく敵陣にたどりつき、鉄砲隊を無力化できるはずだ。そう踏んで、攻撃をしかけました。

結果は惨敗でした。戦国一を誇った武田の騎馬軍も、織田軍の鉄砲隊による連続射撃の格好の標的となって壊滅的な打撃をこうむってしまったのです。

この敗因、すなわち**勝頼の判断のあやまちのもとになったのが、過去の成功体験だったと思われます**。最強の騎馬軍団で相手を蹴散らす。その成功体験に彼はとらわれすぎていたようです。これがもし信長だったら、リアリストの彼は「利、われにあらず」とさっさと退却してしまったでしょう。

優秀であったはずの勝頼の判断をくもらせてしまったのが過去の成功体験。つまり、それまでの勝利に奢って謙虚さを失ってしまったことの結果であり、それは強者がみずから掘った墓穴であるともいえましょう。

先見の明に富んだ信長がいち早く導入した鉄砲隊は新しい時代の象徴でもありました。勝頼は強者であり、成功者であったがゆえに、その時代の変化を見抜けなかったのです。

このように、変革期には時流は刻々変化していきます。そうした時期には、過去の成功要因が失敗の引き金となってしまうことは少なくありません。

だから、**過去の成功にこだわってはならないし、そのこだわりから自由でいるためにも、いつも謙虚であることを心がけなくてはならないのです。**

国や組織というのは、栄えたのと同じ理由で衰退するのがつねです。それは会社にも仕事にも適用できる警句です。

私たちは成功すればするほど、自分をいましめて謙虚さを失わず、時代の流れや変化をよく見ながら、そのつど的確な判断を下していかなくてはならないのです。

第4章

「天地自然」の法則

この世の中は、
一つの偉大な意思（サムシング・グレート）によって
創造され、運営され、管理されている。

この宇宙や地球は偶然にできあがったものではなく、何か偉大な存在によって意思的につくられたものであると考えたほうが、合理的な説明がつくようです。

私の友人でもある筑波大学名誉教授の村上和雄さんは、そうした偉大な存在のことを「**サムシング・グレート**」と呼んでいます。

すなわち、この宇宙や世の中の原理、その構造やしくみは、一つの偉大な意思＝サムシング・グレートによってつくられ、いまも維持、発展させられている。サムシング・グレートこそが森羅万象の創造者であり、運営者であり、管理者であると私は考えています。

そして、サムシング・グレートは、宇宙をつくるとともに、**その分身を宇宙内のすべての個々の存在に、「魂」として配置したようです。**

ここでいう魂とは、意識と意志をもったもので、それがすべての存在に生命を与えており、存在の本質であるとも考えられます。したがって、私たち人間の本質もまた魂にあり、それはサムシング・グレートの分身とも考えられるのです。

そして、サムシング・グレートは宇宙をつくったときに、次のようなルールを定めたものと思われます。

1．世の中の存在物は、自らも含めてすべて生成発展するようにしよう。

そのために、自分の分身として多くの生命体をつくり、その本質を生成発展させ、やがて自分と合体させるというしくみをつくったようです。

したがって、魂も生成発展しますし、私たちの肉体もマクロに見ると生成発展していきます。それだけでなく宇宙自身も、またサムシング・グレートも生成発展するようにできているのが、偉大な創造主が自身や創造物に与えた大原理であると考えられます。

生成発展とはつまり、「変化する」ということでもあるから、変化こそが世の中の不変の原則であるともいえるのです。

2．世の中で起こるすべての現象に、秩序が維持されるようにしよう。

そのために、起こる出来事はすべて「必然、必要、ベスト」になるようにしよう。ときにこの秩序を乱すような出来事が起こる場合には干渉して、秩序が保たれるようにしよう。

3．思いは実現するようにしよう。

それによって、世の中のすべては生成発展し、秩序が保たれるようにしよう。思いすなわち念＝エネルギーの強さと、実現することを期待する場の環境条件により、その実現のプロセスと結果に差がでるようにしよう。

4．世の中の構造は単純で相似象にしよう。

そして、マクロに見て善の方向、すなわち蘇生《そせい》化、本物化に向かうように秩序をつくろう。それとは逆の方向である崩壊化、ニセ物化に向かう流れは秩序破壊として、これを是正するように働こう。

このように、宇宙には万物の活動を根源で支え、森羅万象の誕生、生成、発展、消滅をつかさどっている普遍の法則があります。

大自然のあらゆる営み、すべての生命活動は、その大きな摂理や絶対的なしくみのもとに運営、管理されており、その秩序を否定したり、それに反したり、そこから外れたりすることは、生きものとして不自然であり、あやまった生き方となるのです。

もちろん、私たち人間も大自然の一部ですから、この大原理にしたがって生まれ、生き、死んでいく運命にある。宇宙の意思に反した生き方をすべきではないし、反対に、サムシング・グレートの「思い」に少しでも近づけば近づくほど、私たちの思いもそれだけ実現しやすくなる。こういう法則が成り立つのです。

その宇宙の意思やサムシング・グレートの思いにもとづく絶対不動の理法のことを私は、**「天地自然の理《ことわり》」**とも呼んでいます。

◎

天地自然の理の具体的な働きを物語る、こんな話があります。

私の友人で、試合をして負けたことがないという武道の大家がいます。彼の技量は達人の域に達していて、だれと試合をしても、自分の体には指一本ふれさせることなく、数人の相手を同時にふっ飛ばしてしまう。

　ところがあるとき、その彼が技量の未熟な何人かの若者を相手に模範試合を行ったとき、そのうちの二人が左右両側から体当たりしてきた。彼はなぜか、それをかわしきれず体に当ててしまい、試合に敗れてしまったのです。

　おもしろいのは、彼自身にもその理由がわからず、ふしぎそうな顔で、私に「どうしてなんだろう」と、その理由をたずねてきたことです。私はピンときて、次のように答えました。

　おそらく、負けた理由はあなたと相手の技量の差が大きすぎたことにあるのではないか。もし、あなたがいつものように自動的に体をかわしていたら、未熟な二人は正面衝突して大けがを負っていた可能性が高い。

　そのことが無意識のうちにも、あなたによく理解できていたので、それを避けるために、あなたはとっさに「体をかわすことを止めた」のではないか——。

この説明に彼はおおいに納得したようでした。かつて同じような状況で、やはり未熟な相手に体を当てられた経験が一度だけあったというのです。

つまり、非常に高度な技量に加えて、瞬間的に相手を思いやる判断を下したために、彼は試合に敗れた。そう私は考えたのですが、おそらく正しいのではないかと思います。

そして、彼のその判断には、**彼自身の考えを超えた、「より上位の意思」が働いていたように思えます。**いうまでもなく、その意思を働かせたのは自然です。

つまり、自然はそもそも、二人の人間が衝突して大けがを負うことを望んでいない。生命を生かし、生成発展させていくのが自然の理であり、創造主の意思ですから、その生命が損傷するのは、その理や意に反することであり、自然がつかさどる大きな秩序の一部を破壊することにも通じます。

それを避けるために、すなわち、二人の命を助けるために、自然は武道の達人をあえて「負けさせた」。より上位の意思を発動することで、自然はみずからの秩序を維持しようとしたわけです。

ことは武道の試合だけではありません。たとえば人間が我欲や傲慢さを高じさせて、このまま環境汚染や自然破壊を続けていくのなら、自然はどこかの時点で秩序維持機能を発揮して、その破壊にストップをかけ、本来あるべき姿に是正しようとする意思を働かせるに違いありません。

そのとき、人間世界は小さくないダメージを受けるでしょうが、それによって人間の不遜さやあやまちは改められ、正しい方向へと軌道修正されるはずです。

くり返しになりますが、人間をふくむ万物を正しい方向へ生成発展させるのが、人知を超えた「偉大な上位の存在」の意思であり、天地自然の理であるからです。

「天地自然」の大原理

1．世の中は公平である。

2．世の中のものはすべて必然である。

3．世の中は日々生成発展している。

4．レベルが存在する。

5．組織や集団は、そのトップで決まる。

6．すべては相にあらわれる。

天地自然の理のもつ深遠な意義や目的、全体像などを、私たち人間の狭く小さな思考や知恵でとらえることはほとんど不可能です。

しかし、その大原理に則《のっと》って生きること、思うこと、行うことがそのまま「善」であり、正しいことである。これは動かせない事実のようです。

あるいは、**この大原理にしたがって、世のため、人のためになることを為《な》せば、人間はけっしてあやまちを犯すことなく、正しい方向、よい方向へとおのずと成長、伸展していける。**これもまた天地自然の理のもとに生きる人間に約束された真理であるといえます。

私は長いあいだ、この天地自然の理についての考察、研究を行ってきた結果、それに関するいくつかの事実や特徴を知ることができました。

たとえば、それは意外なほど単純な原理原則によってつくられていること。そこには人間の知恵や思考を超える偉大なもの、この世をつくった創造主の意思や叡智《えいち》が働いていることなどです。

私は、天地自然の理の特徴や目的を、その働き方、あらわれ方などによって、大きく大原理と一般原理に分けています。以下、それについて説明を加えていきましょう。

まず、天地自然の理の根本的な特性をあらわしている大原理ですが、その特徴は次の六つです。

1. 世の中は公平である

人間の思考や知恵は未熟でいたらないところ、かたよった部分が多々ありますが、天地自然の理はいわば完全な原理です。ですから、人間の目から見て不公平だと思えることも、天地自然の理からすれば、すべて公平無私な意思のもとに行われており、いまの不公平もやがて公平へ向けて解消されていきます。

つまり、あらゆる事柄にはよいことと悪いことの両方があり、最終的にはプラスマイナス・ゼロとなって、人生の損益の帳尻は必ず合うようにできているのです。

2. 世の中のものはすべて必然である

この世に存在するものは、すべて世の中にとって必要なものだから存在しています。同じように、世の中に起きる出来事に偶然はなく、みんな必然であるから起こる。これが天地自然の理が教える真理です。

だから、どのような奇跡や不思議なことにも、死や病気など人間にとって不幸で起きてほしくないことにも、すべてそうなる原因があります。万事は起こるべくして起こっている。私たちはそう考える必要があります。

3．世の中は日々生成発展している

動物も植物も、鉱物などの無機物も、あるいは人間も、さらには神でさえも、万物はすべて、毎日よい方向へと発展しています。したがって、昨日よりは今日、今日よりは明日のほうがよくなる。ミクロの視点ではわからなくても、マクロの視点から見れば、これは絶対不動の大法則といえます。

4．レベルが存在する

この世の存在物にはレベルというものがそなわっています。たとえば水も摂氏零度以下の温度では氷になり、百度以上では気体になる。同じ水という物体でも気体、液体、固体というレベルが存在するのです。また、同じ生物でも、人間には理性があるが、動物にはないというように、やはりレベルが異なっている。

むろん、理性の動物たる私たち人間は、そのレベルを一つひとつ

上げていく努力を惜しんではなりません。

5．組織や集団は、そのトップで決まる

この世を一つの組織体と考えれば、その長は、この世をつくった創造主であり、その意思にもとづいてこの世は運営され、秩序やルールも決められていると考えられます。そこでは、創造主の意図をくみとり、その意図する方向へ進むのが絶対的に正しい生き方となります。

創造主がまちがえることはありませんが、会社などの組織体のトップは人間であるがゆえに、あやまちを犯すことは十分にありうることです。

それだけに、その組織体の盛衰はトップのよしあしにかかっており、彼は組織と組織の構成員が絶えず正しい方向へ進めるよう努力しなければならないのです。

6．すべては相にあらわれる

たとえば、ツイているものはおしなべて「相」がよく、明るくあたたかい雰囲気をもっているが、ツイていないものは「相」が悪く、雰囲気も暗くて冷たい。そんなふうに、あるものの実体や内容、性格や運命、運気やツキといったものは、そのものの表面＝相にあらわれやすいものです。

したがって、すごくツイていて、運のめぐりあわせもいいという人がいたら、その人はいま、天地自然の理にしたがって生成発展中である。逆に、ツキがなく、運もよくない人は、天地自然の理に反して負の方向に進行中であると考えられます。

そのことを本人や周囲の人に知らせるために相というものがある。そう考えると、わかりやすいかもしれません。

天地自然の理には、大原理に付随したかたちで一般原理というものもあります。これは、私たちが具体的にどのように考え、行動したら、その大きな原理に則することができるか。人間の側から見た、その思考・行動原理の特徴や生き方の法則をさします。

この一般原理は、次の十二の項目からなっています。

1. 公平なほうがいい

人間はエゴや我欲からなかなか自由になれない生きものです。したがって、自分よりも他人の利を優先することはかんたんではなく、公平な判断を下し、公正な姿勢を保つこともむずかしいものです。

しかし、公平公正は天地自然の理の大原理なのだから、それに沿って成長伸展していくために、私たちはつねに「公平であるべく」努力しなくてはならないのです。

2．わかりやすいほうがいい

たとえば、上司が部下に指示や命令を出す場合、わかりにくいよりもわかりやすいほうが、その意図するところはよりよく、すみやかに伝わるはずです。複雑な言い方や、もってまわった言い回しでコミュニケーションを図るのは誤解やあやまちのもと。物事の伝達はシンプルな、わかりやすい言葉や方法を用いるのがベストです。

3．自由なほうがいい

これは人を動かすときに、規則や強制を用いて人をしたがわせるか、それとも、そういうものは最小限度に抑えて、彼らの主体的な意志の発露を待つかという問題でもあります。

もちろん天地自然の理にしたがえば、人を動かそうと思ったら、その人の自発的な判断にまかせるのがいちばんいい。規則や強制というのは、レベルの低い人たちを動かすときの動機として有効なのであり、レベルの高い人たちに行使するのは、かえって逆効果になることが多いものです。

4．包み込んだほうがいい

水が汚れを希釈してしまうように、自然というのは、異物であっても拒否せず、すべてを受け入れて、なじませてしまう包摂の性質をもっているものです。この度量の大きさがすなわち、「包み込み」です。

人間も、また企業のビジネスの手法も、部分的な狭い領域にこだわらず、すべてを受け入れて、それらを生かす寛容的、総合的な発想でやったほうがうまくいきます。包み込みは天地自然にとって本然の理であるからです。

5. マクロの善をめざしたほうがいい

人間の行動には目的が必要で、目的があればこそ、その達成のために人は力を注ぎます。目的なしでは、努力を継続することはむずかしい。そうであるなら、その目的は皮相で小さなものより、深く大きなものであったほうがいいはずです。

自分個人の利益のためよりも、世のため、人のためという、より大きくレベルの高い目標、すなわち大義名分のために行動し、貢献するほうが努力のしがいがあるし、意欲もモチベーションも上がるからです。

つまり、ミクロの善より、よりマクロの善をめざすべきであり、それこそが最大の大義名分となりうる。また、それはそのまま天地自然の理にかなっているのです。

よりマクロの善とは、たとえば自分のための善よりも一段高い視点をもって周囲の人の善のために行動する。さらに、それより高い視点から自分の所属する集団のために行動する。さらに、もっと高く広い視点から、世の中全体のために行動する。

そのように自分の力や影響のおよぶ範囲で、もっとも大きなマクロの善を考え、そのために行動することです。いつも「大きく」見、考え、行うことが大切なのです。

6．情理一体のほうがいい

理をもって事を為し、情をもって人と接するなどといいますが、この情と理のどちらか一方にかたよらず、いずれも適度にあわせもつのが生き方の理想といえます。

理というのは、人間だけがもっている特性ですが、ただし、理と情をくらべれば、一般には情のほうが強くなる。といって、理だけを優先させると、人間関係がぎくしゃくしてくる。「智（理）に働けば角が立つ、情に棹《さお》させば流される」という状態を招いてしまうのです。だから、両方あわせもって、理と情を車の両輪として事を為し、人と接するのがベストです。

7. 大事にするほうがいい

ヒト、モノ、カネが集まってくる人は例外なく、それらを大事にしています。これは自明の理であって、物事を粗末に扱ったり、雑にしかこなさない人は、どんなに能力があっても大成はしないものです。

また、能力のある人ほど、自分より能力の劣る人をバカにして、不遜な態度で接することがあるので要注意。人生を大事に生きない人は、人生からも大事にされないと心得るべきです。

8. よく働き、よく学ぶほうがいい

一般には、よく働き、よく遊ぶのがいいといわれるが、私はあえて「よく遊べ」とはいわない。遊ぶという行為は、自分だけのための利己的行為であるからです。それに対して、働くこと、学ぶことは自分のためにもなるが、人のためにもなる。その利他性が天地自然の理によくかなっているのです。

9. プラス発想したほうがいい

すべては必然、必要であるのが天地自然の理ですから、「起きることはすべていいことだ」とプラス発想で、前向きにとらえる姿勢が私たちを自然と成長や成功へとみちびきます。どんなときにも、悲観論よりも楽観論を根っこにすえて生きる。それが人生を楽しく、また、深くするコツです。

10. 正攻法のほうがいい

正攻法というのは、相手にこちらの手のうちを見せながら、正々堂々と攻めることです。正攻法は相手よりも力において勝るときにしか使えない方法のように思われていますが、じつはそんなことはありません。小が大に対するときも、弱者が強者に向かうときも、それなりの正攻法というのはあるものなのです。むしろ、弱者の戦法である奇策やからめ手ばかりに頼ると、「策士、策におぼれる」で、自分の首をしめてしまう結果になりがちです。

もちろん、勝負には必ず勝たなくてはいけない場面がありますが、だからといって勝つためには手段を選ばないというのは、天地自然の理から見てもまちがいなのです。そうやって勝っても、その勝利はいっときのものでしょうし、勝利の味もにがいものでしょう。将来に禍根を残すことにもなる。

自分の手のうちを相手にまったく見せず、だまし、おどし、すかし、おだてなどの手法を駆使して、相手を自分の思いどおりに動かすのは、策略としてはおもしろいかもしれませんが、一度しか使えない奇襲戦法であり、それ以上に、人間としてどこか卑怯であり、後ろめたさもつきまとうものです。そういう方法を天地自然の理というものは好まないし、明確に拒みもするのです。

だから、どこまでいっても奇襲はスタンダードにはなりえません。やはり、正攻法で正々堂々と攻めるのを旨としたいものです。

11. 喜ばせるほうがいい

企業社会では、ときに、取引先に無理難題をふっかけて儲《もう》けを出している会社がありますが、これは長つづきしない、必ずしっぺ返しがくる、相手に怒りや恨みを生じさせるなどの点で、まちがったやり方です。

相手に苦を強いることで、自分の利を図るのはおよそ天地自然の理にそむく方法なのです。どうせ儲けるのなら、相手を喜ばせて自分も儲ける、相手を儲けさせて自分も儲ける。そんな「相手よし、われもよし」の姿勢が肝心です。

12・共同化のほうがいい

自然界では、弱い生きものほど多産であり、また、群れで存在するという法則があります。これは弱者が種を途絶えさせてしまわないための自然のもつ知恵であり、自然が弱者にもたらす恩恵でもあるのです。

つまり、単独で生きるよりも、他者と共同し、助けあって生きるほうが生存の知恵としてすぐれている。とりわけ、弱いものは連合せよ、と自然は教えている。このことは企業や人間社会においても共通しているはずです。

すべての現象は「波動の原理」で説明できる。

1．同じ波動は引きあう。

2．異なる波動は排斥（反発）しあい、相殺する。

3．出した波動はフィードバックされて戻ってくる。

4．波動には優劣がある。

世の中で生起するすべての現象は「**波動の原理**」で説明できるようです。

この世に存在する万物は粒子からできていて、その粒子はそれぞれ固有の振動をもっている。そのような「波動理論」は、最新の素粒子論における科学的事実として認定されつつあるのです。

人間の目には完全に静止しているように見える物体であっても、じつは絶え間なく揺れていて、その揺れが波動を発している。したがって、あらゆるものは揺れ動きながら存在しており、その振動がそのものの固有の波動としてとらえられる。それが、「波動理論」です。

このときの、「あらゆるもの」とは文字どおりのもので、動物や植物などの生命体、石や鉱物などの無機物、液体や気体、椅子や机やエンピツといった製造物、さらには音や色、ひいては私たちの思いや考え、意識や思考や感情などの抽象存在にいたるまで、すべてのものが波動を発しています。

換言すれば、**目に見えるものから目に見えないものまで、万物は絶えず揺れ動いているエネルギー的存在であり、それぞれが波動を発することによって互いに影響しあっているといえます。**

波動はいわば、あらゆる生命や物質のもっとも基本的な生成単位ですから、この世のすべてのものは波動の原理にしたがって存在し、運営されているとも考えられます。波動の原理、それは万物を動かすための大事なルールであるといえましょう。

その波動の原理は、次のような大きな四つの性質をもっています。

1．同じ波動は引きあう。

類は友を呼ぶということわざどおり、似た者同士が引きあい、引かれあうのは、同じような波動は共鳴しやすいからなのです。

2．異なる波動は排斥（反発）しあい、相殺する。

なんとなく気に食わない、相性が悪い、ウマが合わないという相手は、それぞれの波動が異なっているからです。

3．出した波動はフィードバックされて戻ってくる。

自分の発した波動——思いや行動は最終的に自分に返ってくる。与え好きな人が与えた以上のものを得るのは、この与えたものは必ず返ってくるというフィードバックの理論に拠《よ》っていると考えられます。

4．波動には優劣がある。

波動にも優位、劣位のレベルがあり、高レベルの波動は低レベルの波動に影響を与えたり、コントロールできたりする。

これら四つの原理を見ると、私たちが人間関係などで経験的に知っていることが、波動の理論できれいに説明されていることがわかります。とくに、3.の自分の発した波動（思い、考え、意識、情報など）が必ず自分に返ってくるという点を、私たちはよく肝に銘じるべきです。

なぜなら、世の中は「波動構造」になっていて、人間が何か行動を起こせば、社会になにかしらの影響をおよぼします。行動を起こさず、「思っただけ」でも、その波動は周囲に伝わってやはりなんらかの影響を与える。しかも、その影響は自分にフィードバックされてきます。

ですから、人を恨んだら、自分にも恨みの感情が返ってくるし、人を非難したり悪口をいったりすれば、同じ非難や悪口が自分にもたらされる。悪いことをすれば悪いことが、よいことを思えばよいことが返ってくるのです。

万物の思いは「波動」となって周囲に伝わっていく。**その最高位のものは、宇宙を創造したサムシング・グレートの思い、宇宙の意思だと考えられます。**それがもっとも優位な波動であるため、宇宙の意思はすべてをコントロールできるわけです。

サムシング・グレートが宇宙を創造したときの一つの決まりごととして、この「波動の原理」を定めたのではないかと私は考えています。


すべてのものが絶え間なく振動しているとすると、ちょうど大気中を無数の電波が飛び交っているように、世の中はつねにおびただしい波動に満たされていることになります。

であれば当然、私たちはその無数の波動の行き交いを介して、無意識のうちにも、自分たちの存在のあり方、意識のもち方、ものの考え方、行為のしかたなどに大きな影響を受けているはずです。

むろん、その波動の影響は相互交通的で、すべての人やものが他のあらゆる人やものに影響を与えると同時に、あらゆる人やものからも影響を受けていることになります。

その構図を頭に描いてみると、まるで無数の波動それ自体が世の中を構成しているようにも見えます。したがって、波動こそが万物存在のみなもとであり、人の思考や意識の基点であり、社会を構築する要素ではないか――。

これを私は「波動構造」と呼んでいて、それもまた天地自然の示す理の一つではないかと考えています。

さらに、天地自然の理が示す構造には、もう一つあって、それが「スパイラル構造」です。

すなわち、この世に存在するものはみんな、時々刻々、正しい方向、よい方向へと成長している。生成発展している。しかし、その生成発展は直線的に進んではいません。

たとえば、夜と昼がくり返されるように、また春夏秋冬の季節がくり返しめぐってくるように、万物はいつも一つのサイクルを描きながら生成発展しているのです。私たちは曲線的に成長、伸展しているといってもいいでしょう。

仏教思想でいう因果や輪廻《りんね》も、原因と結果が次々にくり返されて重層的になっていく点、一つの生命が姿かたちを変えて、やはりくり返しこの世にあらわれるという点で、これまたサイクルを描くスパイラル構造を示唆しているといえるでしょう。

このような天地自然の理のもつ原理、特性、構造をよく理解して、その法則に合致した思い、行いをすれば、私たちはことさら作為的なことに努めなくても、おのずとツキを呼び込むことができるし、自然に生成発展していけるのです。

「地の理」から「天の理」へ、魂を回帰させよう。

天地自然の理は、宇宙の創造主であるサムシング・グレートの思いや意思からつくられたものですから、それはそのまま「**天の理**」といっていいものです。

しかし、私たち人間は文明の発展とともに、宇宙の偉大な理とは異なる、人間のエゴや欲望にもとづいた独自の理や法則をつくり出してしまったようです。

すなわち、競争や搾取、不調和や不公平、束縛や閉鎖性などを基本原則とする、あやまった原理によって私たち人間は文明を過剰に発展させ、自分たちのエゴや我欲を肥大させ、地球をまちがった方向へとみちびいてきてしまったのです。

かりに、この人間のあやまった原理を「**地の理**」と呼ぶなら、私たちはそろそろ、そのエゴにもとづく地の理から脱して、単純、調和、共生、開放、公平といった特性に満ちた、本来の「天の理」へと原点回帰しなくてはなりません。また、人間は近い将来、そうならざるをえないだろうというのが私の考えです。

では、「天の理」と「地の理」はどのように違うのでしょうか。

天の理		地の理
単純	⇕	複雑
調和	⇕	不調和
共生（協調）	⇕	競争、搾取
開けっ放し	⇕	秘密
自由	⇕	束縛
公平	⇕	不公平
融合	⇕	分離
アナログ	⇕	デジタル

効率的　⇧　ムダ・ムリ・ムラ

長所伸展　⇧　短所是正

なぜなら、いま地の理にしたがっている者は、急速に立ちゆかなくなっている一方で、本来の天の理に目覚めた者は、新しい価値観、新しい生き方のもとで、本物人間として成功や幸福を手に入れ始めているからです。

その現象をあちこちに見出すたびに、私は世界は着実に天の理に向かって再生しつつあることを確信し、また、その大きく正しい理を理解し、実行できる人が少しずつ増えるにしたがって、私たちを取り巻く社会、経済などの環境もよい方向へと変わっていくことを確信できるのです。

もちろん、世の中はこれまで、天の理よりも劣位にある地の理にしたがって運営されてきましたが、やはりここへきて、この世のことも優位である天の理にしたがったほうがうまくいくことが増えてきたのです。

たとえば、地の理の最たるものの一つである資本主義は行き詰まりを見せていますし、エゴ、対立、競争を中心とした理念や方法も袋小路に突き当たっています。

天の理の法則やルールを無視したり、それに反したりしながら拡大してきた世の中のあり方や価値観はもう限界にきているのです。同時に、天の理にしたがって行動したほうが万事うまくいく時代がやってきている。

したがって、天の理に回帰して、それらを踏まえた生き方、考え方を実践すること。それは新しい時代に生きる私たちの希望であり、また責任であるともいえます。

#「百匹目の猿」現象を起こそう。

「**百匹目の猿**」**現象**と呼ばれる、自然の理がそなえる深遠さを象徴するような、ふしぎなメカニズムをご存じでしょうか。

ある島に生息する猿の群れのうちの一匹が、ある日、餌である泥のついたイモを川の水で洗って食べることを始めました。すると、ほかの多くの猿たちも、それを真似《まね》して水洗いをするようになったのです。

一匹の猿が先行して行った行為をほかの猿が模倣するうちに、群れ全体に習慣として定着していったわけで、なかなか利口な行動といえます。ただ、これだけでは文字どおり、猿知恵による猿真似の範囲を出ません。

ふしぎなのはこれから先です。イモを洗って食べる猿の数がしだいに増えて一定数に達したとき、その現象を知るよしもない、遠く離れたほかの土地に生きる猿たちもまた、つぎつぎにイモを洗って食べる行動をとり始めたのです。

もちろん、互いに接触もできなければ、コミュニケーションもとれない、海で隔てられた、まったく別の土地の別の猿たちのあいだでのことです。

つまり、**最初の一匹が始めた、一つの賢い行動が集団のなかに広がって、群れ全体の新しい知恵や行動形態として定着したとき、その行動は——まるで秘密の合図でもあったかのように——距離や空間を超えてあちこちに飛び火し、同じ仲間のなかに同時多発的に伝わり、広がっていったのです。**

すでに半世紀以上も前に、九州・宮崎県のある島に棲《す》む猿たちに見られた現象であり、いまでは「百匹目の猿」現象として認知されている、自然と生物のもつ神秘的なまでにふしぎな、そしてきわめてすぐれたメカニズムです。

どうして一つの共通の現象が時空間を超えて共有されていくのか。その理由は科学的に完全に解明されてはいませんが、このふしぎな現象が意味するところ、そこから私たちが学ぶべき点は小さくありません。

なぜなら、それは、私たちの思いや行いというものは周囲に広く伝わって、多くの人びとの思考や行動に大きな影響を与えていく。その波及と浸透のパワーを、人間をはじめとする生命体はおのずとそなえている。その事実を如実に示しているからです。

そうであるなら、私たちはみずから率先して、できるだけよい思いを抱き、正しい行いを実践すべく努める必要があります。

最初はたった一人の思いや行いであっても、それが「善の波動」となって周囲に伝わり、多くの人びとに影響をおよぼし、ついには社会全体をも変えていく。その大きな力の最初の起点となりうるからです。

いまの社会を見て、世は太平だと安らかな気持ちになる人は一人もいないでしょう。地球環境一つをとっても、温暖化による森林の減少や砂漠化の進行、食糧や水やエネルギー不足、それらを加速させる人口爆発……。

さらには、エゴや欲望をむき出しにし、他人を蹴落としてひたすら競争に勝つことを善や正義と考える、とげとげしく殺伐とした社会。テロリズムの横行、暴力の連鎖などなど。

私たちの社会はいま、出口の見えない袋小路にあり、地球や人類は破滅の瀬戸際に立たされています。しかし、これを変えるには、大上段にかまえた大思想はむしろ無力です。

それより重要なのは、私たち一人ひとりの小さな気づきや目覚め、身近な行動や実践です。

たとえば、これまでの文明が行きすぎた人間の欲望のために森林を砂漠に変えてきたのなら、これからは、その砂漠をふたたび森へとよみがえらせるために、私たちはそれぞれが一本の木を植えることから始めなくてはなりません。

もし、だれかが一本の木を植えれば、その善行を真似する人がつぎつぎにあらわれて、多くの人に波及した結果、木は林に、林は森へ成長していくかもしれない。その可能性を、イモを洗って食べた猿たちは人間に教えているのです。

したがって、よい思い、正しい行いを社会に広げ、やがて、その「善の泉」によって世界を満たすべく、**私たち一人ひとりがまず、一匹の猿となって、その泉の最初の一滴を乾いた大地に垂らさなくてはならない**——。

そして、この人間に課せられた「小さくて大きな」責任も、じつは天地自然の理の深遠で壮大なプログラムのなかにあらかじめ組み込まれていたものではないか。私にはどうも、そう思えてしかたがないのです。

したがって、まずあなたが天地自然の理に則った、「正しい生き方」を選択すること、そして世のため人のために懸命に働くこと。そのことがひいては世の中を変え、世界を変えていく大きなうねりへとつながっていくのです。

あとがきにかえて

佐野浩一

舩井幸雄は、まだいまここに生きています——。

本書はそのことを証明するために生まれた、といってよいように思います。

天に召されて三年近く経ちますが、私のなかではいまもなお何一つ色褪《いろあ》せることなく、確かな鼓動を打ち、生き続けている——そんなふうに感じています。

舩井幸雄は、四十年近く第一線を張り続けてきた稀代《きだい》の経営コンサルタントであり、偉大なる経営者であり、かつ異彩を放つ「哲学者」「人間学者」でもありました。

経営コンサルタントという仕事を選ぶことになったのは、「生きていくため」だったと述懐しています（正直というか、ストレートというか、舩井は本当に飾らない、開けっ放しの人でもありました）。

大学を卒業したころは、どうも新聞記者になりたかったようです。しかし、就職難の時代でしたので、しかたなく大阪の朝日新聞社でアルバイトを始めます。読者ハガキの整理の仕事でした。

退屈でウンザリし始めていたときに、ある有力者との出会いから、一般財団法人安全協会に就職することになります。そこで、雑誌の編集長をやらせてもらい、やがてコンサルタントとしても駆り出されるようになります。

やがてそこも五年ほど勤めて辞めることになり、仲間と経営コンサルティング会社を立ち上げました。それが、いまの船井総合研究所の前身である日本マーケティングセンターです。

これが、後に「経営指導の神様」と異名をとるようになる舩井幸雄の原点なのです。


その仕事人生は、いわゆる〝フリーター〟から始まったわけですが、舩井はそれもまた前向きにとらえ、「すべてのことは、必然で必要、だからベストにしなければならない」という人生法則を、また「物事はスパイラル状に生成発展していく」という宇宙の真理を、そこからみちびき出します。

それからしばらくは不遇な時代が続きますが、やがて株式上場をはたし、会社を発展させて後進に譲っていくまでの約四十年もの間、舩井は自らの人生や仕事の上での経験、体験から、また多くの経営者との関わりのなかから、素直に、謙虚に学び取った知恵を、自分なりに「ルール化」「法則化」して積み上げていきます。

実父の教えからは、「鏡の法則」と「愛情の法則」を――。

苦手だった講演が上手くなってきた体験からは、「長所伸展法」を――。

経営指導の失敗経験からは、トップに必要な資質「素直」「プラス発想」「勉強好き」を――。

現場ですぐに活用できる「ルール化」「法則化」は、船井幸雄のライフワークとなっていきます。

これらが、後に「船井流経営法」と呼ばれるようになり、「九十九・九パーセント成功する経営のコツ」として日本中の経営者を魅了することになるのです。

元教師であった私が船井幸雄の生き方、考え方に強く共感し、心酔し、ビジネスの世界への転身を決めたきっかけは、「企業は人なり」というメッセージを知ったことでした。

若いころ、「企業とは、お金とモノやサービスを交換するしくみ」という程度にしか理解がなかった私は、そんな〝企業〟に就職するのが嫌で、もっとも人に関われるであろう教師の道を歩みました。

だから、「経営指導の神様」が発したこの言葉を知ったとき、心底驚いたのです。

「素直」「プラス発想」「勉強好き」「長所伸展」に始まり、「愛情」「良心」「与え好き」「人間性向上」「共生」「互助」、究極は「世のため、人のため」――。

まったく予想もしなかったキーワードに彩られた、その哲学に触れるにつけ、私自身のそれまでの生き方・考え方、物事のとらえ方がすべて、音を立てて崩れていくような感覚さえ覚えたほどでした。

船井幸雄は「経営指導の神様」ではない。「人としてどう生きるか？」を探究し、自ら実践することによって、それらを私たちに、わかりやすく、丁寧に教えてくれる「哲学者」「人間学者」なのだ——私はそう直感的にとらえました。

行き着くところ、船井はコンサルタント業を通して、「人としてどう生きるか？」という究極のテーマを追いかけていることを知ったのです。

企業経営とは、「人」を中心として組織と仕事を展開し、長所伸展で業績向上を目指すこと——それが、船井のメッセージです。どこまでいってもポイントは、やはり「人」なのです。

人間性を高めた優秀なトップが、社員一人ひとりを①素直、②プラス発想、③勉強好きであるよう導き、④好きなことや得意なことをやってもらい、⑤自由に活き活きワクワク楽しく生きられるようにすること。それぞれのモチベーションを高めるためのリーダーシップを大切にしていくこと。

そして、それによって組織全体を活性化させるとともに、業績を急上昇させること。

各個人、各企業のよい特性を伸ばして活かし、世のため人のためになることを行うべく心がけていくこと。

船井幸雄はつねに、経営のあり方と人としてのあり方を「一体化」していたようです。つまるところ、人間性を高めて、周囲に貢献することこそが生きる証《あかし》だと考えていたのだと思います。

だからこそ、「船井流経営法」と呼ばれている「法則」の数々はそっくりそのまま、人財育成のため、人間力アップのための人生訓として活かせるのです。

いまもなお舩井幸雄は、社会の経済状況や地球を取り巻く環境を見ながら、天からメッセージを送り続けてくれているように思います。

「自分だけ、いまだけ、お金だけではダメですよ！」

「他人も、未来も、お金じゃない価値もすべて大事にしてはじめて、世のため、人のために経営したり、行動したりできるのですよ！」

……と。

この度、「舩井幸雄の書物をあらためて世に問いたい」という、サンマーク出版の植木宣隆社長自らのご提案により、約四百冊にわたる過去の著作のなかからそのエッセンスをまとめていただくことで、本書が生まれました。編集部の斎藤竜哉さんには多大なるご尽力をいただきました。そして、本当に素敵な一冊に仕上げていただきました。あらためて、心より御礼申し上げます。

船井幸雄の満面の笑みが、目に浮かんでくるようです。

船井幸雄が、事あるごとに「ルール化」してきた「法則」の数々を、ぜひとも日々の生活、日々の仕事、日々の経営にお役立ていただけたら、これにまさる幸せはございません。

感謝

二〇一六年八月吉日

（株式会社本物研究所代表取締役社長、一般財団法人船井幸雄記念館代表理事）

【おもな参考書籍】

◎小社刊、いずれも船井幸雄・著

『これから10年 生き方の発見』
『これから10年 本物の発見』
『これから10年 愉しみの発見』
『これから10年 驚きの発見』
『未来へのヒント』
『百匹目の猿』
『波動で上手に生きる』
『船井幸雄の「人財塾」』
『思いをひろげ、未来をつくる「百匹目の猿現象」を起こそう!』
『自分に魔法をかける本』
『成功のセオリー』
『ベイシック経営のすすめ』
『[図解]即時業績向上法』

◎いずれも船井幸雄・著

『船井幸雄の「直感力」の研究』（ＰＨＰ研究所）
『完本　船井幸雄の五輪の書』（ＰＨＰ研究所）
『完本　船井幸雄の人間学』（ＰＨＰ研究所）
『未来への分水嶺』（ＰＨＰ研究所）
『エゴからエヴァへ』（ＰＨＰ研究所）
『エヴァへの道』（ＰＨＰ研究所）
『未来への言霊』（徳間書店）

◎その他

『私だけに教えてくれた船井幸雄のすべて』（佐野浩一編著／成甲書房）
『ズバリ船井流 人を育てる 自分を育てる』（佐野浩一／ナナ・コーポレート・コミュニケーション）
『エヴァ・ブックス　生き方発見シリーズ　船井幸雄』（小社刊）

※この他、多数の関連の書籍と『週刊フナイＦＡＸ』（船井総合研究所）など、他の資料も適宜参考にさせていただきました。

船井幸雄（ふない・ゆきお）
一九三三年大阪府生まれ。京都大学農学部を卒業後、日本マネジメント協会の経営コンサルタント、理事などを経て、一九七〇年に㈱日本マーケティングセンターを設立。八五年㈱船井総合研究所に社名変更し、社長、会長を歴任する。八八年、経営コンサルタント会社として世界初の株式上場を果たす。二〇〇三年に同社の役員を退任後、㈱船井本社会長、㈱本物研究所最高顧問、㈱船井メディア最高顧問を務める。一四年逝去。船井流といわれる独自の経営指導の手法で多くの企業の業績を伸ばし、「経営指導の神様」といわれる。著書は四〇〇冊を超える。

法則

2016年10月10日　初版印刷
2016年10月20日　初版発行

著者　船井幸雄
発行人　植木宣隆
発行所　株式会社サンマーク出版
〒169-0075
東京都新宿区高田馬場2-16-11
電話　03-5272-3166
印刷　共同印刷株式会社
製本　株式会社若林製本工場

定価はカバー、帯に表示してあります。落丁、乱丁本はお取り替えいたします。
ISBN978-4-7631-3579-7 C0030
ホームページ　http://www.sunmark.co.jp　携帯サイト　http://www.sunmark.jp